Neuhäuser | Wie reich darf man sein?

[Was bedeutet das alles?]

Christian Neuhäuser

Wie reich darf man sein?

Über Gier, Neid und Gerechtigkeit

Reclam

3. Auflage

RECLAMS UNIVERSAL-BIBLIOTHEK Nr. 19602
2019 Philipp Reclam jun. Verlag GmbH,
Siemensstraße 32, 71254 Ditzingen
Gestaltung: Cornelia Feyll, Friedrich Forssman
Druck und Bindung: Kösel GmbH & Co. KG,
Am Buchweg 1, 87452 Altusried-Krugzell
Printed in Germany 2019
RECLAM, UNIVERSAL-BIBLIOTHEK und
RECLAMS UNIVERSAL-BIBLIOTHEK sind eingetragene Marken
der Philipp Reclam jun. GmbH & Co. KG, Stuttgart
ISBN 978-3-15-019602-1

Auch als E-Book erhältlich

www.reclam.de

Inhalt

1. Was ist Reichtum?

Das Wirtschaftsmagazin Forbes veröffentlicht jedes Jahr eine Liste der reichsten Menschen der Welt. Im Jahr 2018 schafften es 2208 Milliardäre auf diese Liste, die im Durchschnitt 4,8 Milliarden US-Dollar besitzen.

Das ist viel Geld. Für die meisten Menschen ist einfach unvorstellbar, was es bedeutet, 4800-mal eine Million Euro zu haben. Der reichste Mensch des Jahres 2018 war Jeff Bezos mit 112 Milliarden US-Dollar. 4,8 Milliarden US-Dollar mehr oder weniger machen für ihn also nicht so viel aus. Der viel berühmtere Bill Gates hingegen hatte »nur« 90 Milliarden US-Dollar. Der reichste Europäer war Bernard Arnault, mit etwa 79 Milliarden US-Dollar. Ihm gehören so bekannte Marken wie Louis Vuitton, Moët & Chandon sowie noch 70 weitere. Die Brüder Charles und David Koch hatten jeweils 60, zusammen also 120 Milliarden US-Dollar. Sie sind im deutschsprachigen Raum kaum bekannt, haben aber den Wahlkampf von Donald Trump mit über 400 Millionen US-Dollar unterstützt. Bezahlen konnten sie das quasi aus der Portokasse.

Natürlich stellt sich unmittelbar die Frage, ob diese reichen Menschen ihren Reichtum verdient haben und ob es gut oder schlecht ist, dass sich so viel Geld in so wenigen Händen konzentriert. Es steht auch zur Diskussion, ob die Forbes-Liste und die weit darüber hinausgehende ganze Aufmerksamkeit gegenüber den Superreichen am Ende nur der Ausdruck einer Neidkultur sind. Oder sind diese Namen bzw. diese Beträge eher ein Indiz dafür, dass wir in einer von Gier geprägten Gesellschaften leben? Vielleicht geht es aber auch eher um Fragen der Gerechtigkeit und darum, ob die Früchte unserer gemeinsamen wirtschaftlichen Produktion fair verteilt werden. Auf all diese Fragen werden die folgenden Kapitel einige Antworten geben, die zum Nachdenken anregen sollen. Vor allem sollen sie den Lesern und Leserinnen dabei helfen, sich eine eigene Meinung zu bilden, jenseits von einer überpointierten politischen Lagerbildung und oft nur vorgeschobenen Ideologievorwürfen. Das gibt mir die Gelegenheit, darauf hinzuweisen, dass die in diesem Buch auftauchenden Personen und Gruppen mal männlich und mal weiblich genannt werden – jeweils relativ willkürlich gewählt, um die ständige Doppelung zu ersetzen.

Aber zurück zum Thema. Zunächst fällt eine grundlegende Problematik im Zusammenhang mit der Forbes-Liste sowie dem öffentlichen Diskurs über die Reichen und ihren Reichtum auf. Ein Punkt scheint klar zu sein: Bei Reichtum geht es nicht um ideelle Werte, sondern anscheinend immer nur um das eine, nämlich um Geld. Bezos, Gates und Arnault sind ja nicht reich, weil sie viele Freunde, viel Wissen, viel Erfahrung oder viel menschliche Wärme haben.

Doch warum ist das eigentlich so? Warum denken wir bei Reichtum sofort an Geld und nicht an irgendwelche anderen Dinge? Warum also geht es bei Reichtum nicht ganz allgemein darum, möglichst viel von irgendwelchen anderen, auf andere Weise wertvollen Dingen zu haben?

Das Ziel des folgenden einführenden Kapitels liegt darin, die angeblich so zwangsläufig erfolgte Entwicklung von der eigentlich denkbaren Vielfalt des Reichtums über den zentralen Stellenwert der Wirtschaft als Geldverkehr hin zu Geldreichtum nachzuzeichnen. Erst auf dieser Grundlage wird es in den folgenden Kapiteln möglich, zu erklären, warum Reichtum anscheinend immer und ausschließlich als Geldreichtum zu verstehen ist, und die spannenden Fragen nach Gier, Neid und Gerechtigkeit richtig zu stellen.

Vielfalt des Reichtums

Laut Duden verwenden wir das Wort Reichtum auf zwei unterschiedliche Arten.

> 1. a. großer Besitz, Ansammlung von Vermögenswerten, die Wohlhabenheit und Macht bedeuten; b. Dinge, die den Reichtum einer Person, eines Landes o. Ä. ausmachen; finanzielle, materielle Güter; Vermögenswerte;
> 2. Reichhaltigkeit, reiche Fülle von etwas.

Erstens bezeichnet der Begriff also eine Anhäufung von Vermögenswerten. Aus diesem Grund denken wir bei Reichtum auch sofort an die Milliardäre auf der Forbes-Liste. Der Duden führt jedoch weiter aus, dass Reichtum in diesem Sinne stets »Wohlhabenheit« und – hier zeigt sich dieses ansonsten doch eher nüchterne Werk von seiner kritischen Seite – immer auch »Macht« bedeutet. Selbst dem unparteiischen Duden ist also die enge Verbindung von Geld und Macht nicht verborgen geblieben. Zweitens bedeutet das Wort Reichtum laut Duden aber auch ganz allgemein »Reichhaltigkeit« im Sinne einer großen Fülle von etwas. Das klingt zunächst gut, doch so ganz kann das nicht stimmen. Denn wenn jemand viele Schulden hat, dann würden wir eher nicht sagen, dass er reich an Schulden ist. Auch bei einem vom Pech verfolgten Menschen würden wir nicht behaupten, er habe reichhaltiges Pech. Was also hat es mit dieser weiteren Bedeutung von Reichtum als Reichhaltigkeit auf sich? Und wie hängt sie mit der ersten engeren Bedeutung zusammen, die auf Geld und Vermögen abstellt?

Gute Beispiele für die Verwendung des Wortes Reichtum im Sinne von Reichhaltigkeit liefern üppige Speisen und große Geschenke. Es wirkt ebenfalls nicht befremdlich, davon zu sprechen, dass jemand reich an Freunden oder an Glück sei. Manche Menschen sind reich an Ideen. Reich an Pech oder Feinden hingegen kann man nicht sein. Es reicht für Reichtum in diesem weiteren Sinne also nicht aus, einfach nur viel von irgendetwas zu haben. Stattdessen ist man in diesem Sinne nur dann reich, wenn man viel von etwas Gutem hat. Speisen, Geschenke, Freunde, Glück und Ideen sind gut. Wenn man sehr viel davon hat, dann ist man mit Blick auf diese Dinge auch reich. Feinde und Pech hingegen sind nicht gut. Deswegen ist man auch nicht reich, wenn man sehr viel davon hat.

Reichtum erweist sich damit als »thick concept«, also als einer der sogenannten dicken Begriffe, wie Bernard Williams (1985, S. 143–145) sie beschrieben hat. Solche dicken Begriffe beschreiben die Welt nicht nur, sondern sie beinhalten zugleich auch eine Wertung. Der Begriff »Mutter« beispielsweise ist deshalb ein dicker Begriff, weil er nicht nur eine genetische Beziehung, sondern auch eine bestimmte Verhaltenserwartung zum Ausdruck bringt. Selbst ein Wort wie »Markt« ist ein dicker Begriff, weil man auf dem Markt eigeninteressiert zu handeln hat, zumindest dem neoliberalen Marktverständnis zufolge. Auch Geld und Reichtum sind dicke Begriffe. Geld stinkt bekanntlich nicht, und Reichtum bezieht sich nur auf Dinge, die gut sind, wie wir gerade gesehen haben.

Doch das allein reicht noch nicht aus, um den Begriff des Reichtums im weiten Sinne angemessen zu erfassen. Denn jemand kann auch viel von bestimmten guten Dingen haben, und dennoch wäre es seltsam davon zu sprechen, er sei reich daran. Wer beispielsweise viele Muskeln hat, der ist nicht reich an Muskeln. Auch reich an Zufriedenheit kann man nicht sein. Was also unterscheidet gute Dinge, die reichhaltig sind, wie Speisen, Geschenke, Freunde, Erfahrung, Glück und Ideen, von anderen guten Dingen, die nicht zu einem Reichtum in diesem weiten Sinne führen?

Ich möchte den Vorschlag machen, dass man nur an austauschbaren Gütern reich sein kann. Reichtum hat also immer eine interaktive Dimension, weil er teilbar und verteilbar sein muss. Speisen und Geschenke kann man tauschen. Auch Freunde kann man im Prinzip austauschen, und Ideen und Erfahrungen kann man gut teilen.

Ein kleiner Ausreißer ist da natürlich das Glück. Doch wenn man nicht glaubt, dass jeder seines eigenen Glückes Schmied ist, sondern davon ausgeht, dass wir unser Glück gemeinsam gestalten können, dann ist auch Glück teil- und tauschbar. Reichtum in einem weiten Sinne liegt diesem Begriffsverständnis nach also dann vor, wenn man viel von guten Dingen hat, die teil- und daher tauschbar sind. Es hat Vorteile, Reichtum auf diese Weise zu verstehen. Geldreichtum ist dann nämlich einfach nur eine besondere Form von Reichtum. Denn Geld ist offensichtlich eine gute Sache, die sich leicht für etwas anderes tauschen lässt.

Doch das erklärt noch nicht, warum Geldreichtum so besonders ist, dass sich der Begriff des Reichtums im engeren Sinne unmittelbar nur auf Vermögen und letztlich auf Geld bezieht. Das weiter gefasste Verständnis von Reichtum als Reichhaltigkeit kann jedoch auch in diesem Punkt weiterhelfen. Denn Geld könnte entweder eine besonders gute Sache sein oder sich besonders gut tauschen lassen. Beides würde einen Grund dafür liefern, Geldreichtum als eine besondere Form von Reichtum zu verstehen. Ich bin der Meinung, dass sogar beides zutrifft: Geld ist besonders gut, zumindest in den Augen vieler Menschen, und es lässt sich besonders gut tauschen.

Ökonomischer Reichtum

Im Zusammenhang mit Reichtum geht es meiner Ansicht nach also letztlich um Geld. Laut Duden zielt aber selbst dieses enge Verständnis von Reichtum auf Vermögen und nicht nur auf Geld ab. Selbst derjenige, der gerade nicht besonders viel Bargeld, aber riesige Ländereien, eine Goldmine, eine erlesene Schmucksammlung oder viele Häuser besitzt, ist demnach reich. Man muss also nicht wie Dagobert Duck all sein Geld in einem Bunker lagern. Auch die Forbes-Milliardäre haben weder in ihrem Speicher noch auf dem Geldkonto viele Milliarden Euro angehäuft: Sie besitzen Aktien. Um zu verstehen, warum es bei Reichtum letztlich doch um Geld geht, ist daher zunächst zu klären, wie Reichtum als Vermögen zu verstehen ist.

Dem Duden zufolge ist der Begriff »Vermögen« in einem ökonomischen bzw. nicht in einem allgemeinen Sinne gemeint. Es geht entsprechend diesem engen Verständnis von Reichtum nicht um irgendwelche Fähigkeiten, sondern um wirtschaftliches Vermögen. In diesem ökonomischen Sinne besteht das Vermögen eines Menschen also aus dem Gesamtwert all jener materiellen und immateriellen Güter, die er besitzt. Schmuck und Ländereien sind typische materielle Güter. Immaterielle Güter sind beispielsweise technische Ideen oder künstlerische Einfälle. Diese Dinge führen zwar oft auch irgendwie zu materiellen Gütern. Doch macht das gerade nicht ihren Wert aus. Bei einem Buch etwa ist ja nicht das Papier, sondern der Inhalt wertvoll. Deswegen müssen aus ökonomischer Sicht technische Ideen auch durch Patente oder Kunstwerke durch Urheberrechte geschützt werden. Sonst wären sie beliebig vervielfältigbar und würden allen Wert verlieren. Generika beispielsweise, also nach Vorbildern reproduzierte Medikamente, sind viel billiger als solche, die durch Patente geschützt sind.

Doch was gibt materiellen und immateriellen Dingen eigentlich ihren Wert? Die verhältnismäßig elegante Standardantwort lautet, dass der Wert von Waren im Tausch festgelegt wird. Damit legen angeblich die subjektiven Wertungen der potentiellen Tauschpartner gemeinsam den Wert von ökonomischen Gütern fest. Welchen Wert beispielsweise ein Barren Gold oder ein Kunstwerk oder eine Briefmarke haben, hängt davon ab, was andere bereit sind, für das Gold usw. einzutauschen. Und dieser Tausch macht den Kern ökonomischer Aktivität aus. Reich im Sinne von ökonomisch vermögend ist also derjenige, der besonders viele Dinge besitzt, die er leicht gegen andere Dinge aus- bzw. eintauschen kann. Es geht bei diesem Verständnis von Reichtum als Vermögen also letztlich doch um eine Fähigkeit, allerdings um eine sehr spezifische ökonomische Fähigkeit, nämlich darum, bestimmte Dinge in marktförmig organisierten Prozessen tauschen zu können.

Doch warum sind Märkte so wichtig für diese ökonomische Idee vom Reichtum? Tatsächlich sind nicht alle Wirtschaftsphilosophen der Meinung, dass der marktförmige Tausch das zentrale Element wirtschaftlicher Aktivität ausmacht, wie der Überblick von Lisa Herzog und Axel Honneth (2014) zeigt. Besonders prominent hat Karl Marx (1818–1883) als Kritiker der Marktwirtschaft die Arbeit und ihren Wert als zentrales Moment der Wirtschaft und des Wertes ökonomischer Güter bestimmt. Allerdings ist es bisher noch niemandem gelungen, den Wert von Arbeit unabhängig vom Tauschwert der Ware auf dem Markt zu bestimmen. Denn es kann dabei nicht um Arbeit in einem rein physikalischen Sinne gehen. Der mythische Sisyphos beispielsweise leistet harte Arbeit, wenn er zur Strafe durch die Götter den Stein immer wieder den Berg hochrollt und immer wieder von neuem beginnen muss, weil der Stein am Ende des Aufstieges wieder den Berg hinabgerollt ist. Doch niemand käme auf die Idee, ihn für diese Arbeit zu bezahlen. Was unterscheidet dann aber wertvolle von wertloser Arbeit? Hier liegt erneut die Antwort nahe, dass ihr Wert davon abhängt, ob irgendjemand die in dieser Arbeit produzierten Güter oder Dienstleistungen haben will und was er oder sie bereit ist, für diese einzutauschen.

An dieser Stelle zeigt sich, wie sich Reichtum und Vermögen ökonomisch auffassen lassen und was diese Auffassung mit Märkten zu tun hat. Denn für den Tausch von Gütern hat sich die wirtschaftliche Institution Markt als außerordentlich geeignet erwiesen. Auf dem Markt kommen viele Akteure zusammen, um Waren anzubieten und Waren zu erwerben. Auf diese Weise werden zugleich viele Informationen darüber gesammelt, wem welche Waren wie viel wert sind. Die Marktpreise für Güter und Dienstleistungen ergeben sich dann aus dem, was Akteure vor dem Hintergrund dieser Marktinformationen bereit sind, für eine Ware einzutauschen. Wenn eine Händlerin ihre Ware nicht loswerden kann, dann senkt sie den Preis. Wenn ihre Ware schnell aufgekauft wird, merkt sie, dass sie den Preis zu niedrig angesetzt hat, und hebt ihn an. Wer eine Ware erwerben möchte, vergleicht die Angebote verschiedener Händler miteinander und überdenkt, was er bereit ist, für diese Ware im Vergleich zu anderen Waren auszugeben. Diese Kaufbereitschaft der Kunden sorgt letztlich für einen bestimmten Marktpreis einer Ware – mit dem Effekt, dass ein Anbieter von besonders beliebten Mobiltelefonen für seine Geräte sehr viel mehr verlangen kann als andere.

Da es diese gerade beschriebene Form von Tausch letztlich in jeder Gesellschaft gibt, verfügen auch alle Gesellschaften über Märkte. Eine Gesellschaft mit einer Marktwirtschaft hingegen ist eine Gesellschaft, die den Markt zur zentralen ökonomischen Institution erhebt, weil nahezu alle ökonomischen Waren über Märkte abgewickelt und die Preisbildung weitestgehend diesen Märkten überlassen werden.

Von solch einer Markt*wirtschaft* ist eine Markt*gesellschaft* zu unterscheiden. In einer Marktgesellschaft werden fast alle oder zumindest sehr viele Interaktionsformen als Markttransaktionen aufgefasst. In diesem Zusammenhang werden deshalb alle möglichen Güter zu ökonomischen

Waren umgewandelt. So kann es dann sogar Heiratsmärkte geben – und selbst Bildung wird marktförmig als ökonomische Ware organisiert.

Man sieht also, dass Reichtum im engen Sinne besonders in Markt*wirtschaften* wichtig ist, weil man als reicher Mensch über besonders viele tauschfähige Waren verfügt. Noch wichtiger wird Reichtum in Markt*gesellschaften*, weil dort fast alle Güter zu Waren werden. Indirekt hat sich übrigens damit bereits angedeutet, warum es bei Reichtum letztlich doch immer um Geld geht: Geld ist das perfekte Tauschmittel.

Geldreichtum

Reich ist also derjenige, der sehr viel an tauschbaren Gütern besitzt.

Doch warum müssen es viele Güter sein, kann man hier fragen? Reich kann doch auch sein, wer nur eine Handvoll besonders großer und reiner Diamanten besitzt. Das wären dann zwar ziemlich wenige, dafür aber sehr wertvolle Güter. Zwar stimmt das, doch für die paar Diamanten bekommt man doch sehr viele andere Dinge. Wenn es sich um zehn ganz besonders große Diamanten handelt und sie pro Stück etwa eine Million Euro wert sind, dann bekommt man dafür in der Tat eine Menge. Der Wert dieser Diamanten ist also äquivalent zu dem Wert sehr vieler anderer Güter, oder anders ausgedrückt: Man ist mit Sicherheit reich, wenn man zehn dieser Diamanten besitzt.

Doch hier zeigt sich ein geradezu klassisches Problem. Denn es ist nicht möglich, diese zehn Diamanten unmittelbar in andere Güter wie Lebensmittel umzutauschen. Niemand will und braucht beispielsweise auf einmal jene drei Millionen Brötchen, die er im Tausch für einen dieser Diamanten erhalten würde. Tatsächlich zeigt sich hier eine etwas umgewandelte Version des Gesetzes vom abnehmenden Grenznutzen: Ein Brötchen kann für mich überlebenswichtig sein, zehn Brötchen sind ein bisschen viel, 1000 Brötchen auf einmal sind absurd.

Und an dieser Stelle kommt Geld als Vermittler ins Spiel. Denn eine zentrale Funktion von Geld liegt in seiner Fähigkeit zur Wertaufbewahrung. Statt ein Gut in ein anderes umzutauschen, wird dieses Gut zuerst in Geld getauscht. Das Geld behält dann den Wert des getauschten Gutes, bewahrt ihn auf. Da man Geld im Gegensatz zu Diamanten ohne Wertverlust leicht teilen kann, ist das Problem mit den Brötchen gelöst. Man kauft sich nur ein paar Brötchen direkt und bewahrt den Rest des Wertes des verkauften Diamanten in Geldform auf. Diese und die vielen anderen Funktionen von Geld hat Geoffrey Ingham (2004) ausführlich beschrieben.

Damit die Wertaufbewahrung durch Geld funktioniert, müssen jedoch alle in Geld tauschbaren Güter auch monetär bewertbar sein. Das bedeutet, dass ihr Wert sich unbedingt und ohne Ausnahme in Geldwerten ausdrücken lassen muss. Diese Bewertungsfunktion stellt eine zweite und für Reichtum besonders wichtige Fähigkeit von Geld dar: Denn über die Bewertung, die durch Geld zum Ausdruck kommt, wird auch bestimmt, welche Güter hergestellt werden. Die Produktion geht dahin, wo das Geld ist. Wenn viel Geld für Luxuswohnungen und wenig Geld für bescheidene Bleiben angeboten wird, dann werden eben

Luxuswohnungen gebaut. Daraus folgt auch, dass reiche Menschen viel mehr als arme Menschen darüber bestimmen, welche Güter überhaupt produziert werden.

Die Bewertungsfunktion von Geld hat noch einen weiteren Effekt, der für die Bestimmung von Reichtum als Geldreichtum von zentraler Bedeutung ist. Zunächst könnte man meinen, dass Geld doch gar nicht so wichtig ist, sondern dass eigentlich Kapital im Zentrum der Wirtschaft steht. Kapital setzt sich dabei aus drei Dingen zusammen: Land einschließlich der Bodenressourcen; Arbeit einschließlich des ökonomisch verwertbaren Wissens; Produktionsgegenstände wie Maschinen und Gebäude, aber auch Markennamen und Kundenkarteien. Wer von diesen Dingen sehr viel hat, der ist ganz offensichtlich reich. Natürlich stimmt es, dass Kapital die zentrale Quelle von Reichtum ausmacht. Doch wie viel das Kapital tatsächlich wert ist, bestimmt sich über den Geldwert, der dem Kapital zugeschrieben wird. Ein Kapitalist ist also nur dann reich, wenn seinem Kapital ein hoher Geldwert beigemessen wird.

Wenn jemand ein großes Ölfeld besitzt, dann ist dieser Mensch sicherlich reich. Sobald jedoch eine alternative Energiequelle gefunden wird, die zugleich viel umweltfreundlicher und kostengünstiger ist, verschwindet sein Reichtum über Nacht. Wenn jemand die Markenrechte am Namen eines beliebten Mobiltelefons besitzt, dann ist dieser Mensch ebenfalls reich. Wenn diese Marke jedoch an Ansehen verliert, dann verschwindet auch der mit dem Namen verbundene Reichtum. Nicht einfach nur bloße Kapitalformen, sondern ihre monetäre Bewertung durch Märkte machen also Reichtum aus. Nur dann, wenn sie sich in

Geld tauschen lassen, das sich wiederum in Kapital und andere Güter tauschen lässt, liegt echter Reichtum vor.

Das ist letztlich wohl auch der Grund dafür, dass gerade Geld den Kern der Idee des Reichtums ausmacht. Deswegen wird der Reichtum der reichsten Menschen der Welt in Geld ausgedrückt. Oder anders gesagt: Weil Geld solch ein hervorragendes Tauschmittel ist, stellt es ein besonders gutes Gut dar. Geldreichtum ist also die reinste Form der Umsetzung der allgemeinen Idee von Reichtum, viel von gut tauschbaren Gütern zu besitzen. Und darin liegt der Grund, warum wir bei Reichtum sofort an Geldreichtum denken.

2. Wer ist reich?

Reich ist, wer viele monetär bewertbare und tauschbare Güter, wer also letztlich viel Geld besitzt. Doch ab wann hat man eigentlich so viel Geld, dass man reich ist? Die Milliardäre auf der Forbes-Liste sind auf jeden Fall reich. Sie sind den Medien zufolge sogar »superreich«. Ihre Lebensweise hat die investigative Journalistin Chrystia Freeland (2013) auf faszinierende Weise beschrieben. Doch das beantwortet noch nicht die Frage, ab wann man nun tatsächlich reich ist. Und die Definition, was »superreich« ist, hilft im Falle der Definition von »reich« auch nicht weiter.

Eine einfache Antwort könnte lauten, dass Millionäre reich und Milliardäre superreich sind. Doch ist das keine gute Antwort, weil diese Zahlen nur zufällig gewählt sind, wie ein einfaches Beispiel zeigt. Ein Euro entspricht etwa zehn schwedischen Kronen. Sollte man nun in Schweden mit einer Million Kronen reich und dann nach einem Umzug nach Deutschland mit 100 000 Euro plötzlich nicht mehr reich sein?

Wir müssen also abstrakter ansetzen. Es gibt grundsätzlich zwei Möglichkeiten, um Geldreichtum zu bestimmen. Man kann sich dabei daran orientieren, wie Armut bemessen wird, wann einem also zu wenig Geld zur Verfügung steht. Wählt man diesen Ausgangspunkt, entscheidet man sich für einen relativen bzw. einen absoluten Maßstab. Den relativen Maßstab bei Reichtum bemisst man über den Abstand zum Durchschnittsvermögen. Dementsprechend ist derjenige reich, der vielleicht zweimal, dreimal oder zehnmal so viel besitzt wie die anderen Mitglieder der Vergleichsgruppe. In Deutschland wäre eine Euro-Millionärin in diesem Falle tatsächlich reich. Sollte die Dame sich allerdings auf ein Jahrestreffen der Forbes-Milliardäre verirren, könnte sie zumindest in diesem Rahmen nicht als reich bezeichnet werden, sondern eher als arme Kirchenmaus.

Bei einem absoluten Maßstab hingegen kommt es nicht unmittelbar darauf an, wie viel Geld andere haben. Vielmehr ist relevant, ob man oberhalb einer an bestimmten objektiven Kriterien festgelegten Schwelle liegt. So könnte man beispielsweise festlegen, dass derjenige reich ist, der mehr als doppelt so viel Geld für Luxusgüter als für eine durchschnittliche Menge von Grundgütern ausgeben kann. Nun müsste man nur noch bestimmen, was Grundgüter sind, wie viel die kosten und wie viel ein Mensch von diesen braucht. Gesetzt den Fall, dass man in einer Gesellschaft für eine angemessene Ausstattung mit Grundgütern ca. 1500 Euro im Monat braucht und jemand mehr als 4500 Euro im Monat zur Verfügung hat, so wäre dieser Mensch reich. Je nach Bestimmung von Grund- und Luxusgütern kann man also zu sehr unterschiedlichen Auffassungen darüber kommen, wie Geldreichtum zu bewerten ist.

Meiner Meinung nach existiert nicht eine einzige objektiv richtige Auffassung davon, was Reichtum ist. Vielmehr kann es in verschiedenen Kontexten angemessen sein, auch verschiedene relative und absolute Maßstäbe für Reichtum zu verwenden. Es kommt nämlich immer darauf an, welche sozialen Verhältnisse man jeweils sichtbar machen möchte. Deswegen muss man je nach politischem und sozialem Anliegen auch auf unterschiedliche Weise bestimmen, wer superreich, reich und wohlhabend ist. Letztlich ist es also eine Aufgabe des politischen Gemeinwesens, die jeweiligen Grenzen für Reichtum zu bestimmen. Dennoch möchte ich in diesem Kapitel einige Vorschläge machen, die für diese Fälle zumindest eine Orientierung liefern können.

Superreiche

Milliardäre sind Menschen, die mindestens tausendmal eine Million US-Dollar besitzen. Der Betrag wird in US-Dollar ausgedrückt, weil Dollars im internationalen Raum immer noch die Standardwährung ausmachen. In diesem Zusammenhang ist es übrigens gleichgültig, woher die Milliardäre ihr Vermögen beziehen: Für Reichtum ist nicht das Einkommen, sondern das Gesamtvermögen ausschlaggebend. Milliardäre sind jedenfalls ganz ohne Zweifel reich. Ein Milliardär könnte sich beispielsweise mehrere Tausend Wohnungen in Berlin oder Frankfurt kaufen. Er könnte auch für jeden Professor und jede Professorin in Deutschland einen Porsche kaufen. Vermutlich wird das jedoch kein Milliardär tun. Der Großteil ihres Geldes ist nämlich über Aktien und ähnliche Kapitalformen in Unternehmen angelegt. Milliardäre legen ihr Geld an, um damit noch mehr Geld zu machen.

Der französische Ökonom Thomas Piketty (2014) hat gezeigt, dass der Reichtum der Superreichen schneller wächst als die Wirtschaftsleistung insgesamt. Daraus folgt, dass die Superreichen im Verhältnis zum Durchschnitt der Gesellschaft immer reicher werden. Und an dieser Stelle zeigt sich der Wert einer relativen Bestimmung von Geldreichtum. Denn bei den superreichen Milliardären ist nicht nur wichtig, wie viel Geld sie überhaupt haben, sondern auch, wie viel Geld sie im Vergleich zu den meisten anderen Menschen derjenigen Gesellschaft haben, in der sie leben. Wenn diese superreichen Menschen nicht nur tausend-, sondern sogar zehntausendmal so viel haben wie die meisten anderen Gesellschaftsmitglieder, dann stellt sich die Frage, wo dieser unermessliche Reichtum eigentlich herkommt und ob die Superreichen ihn im wahrsten Sinne des Wortes verdient haben.

Es ist unmittelbar einsichtig, dass die reichsten Menschen sich ihren Reichtum gar nicht durch Arbeit verdient haben können. Wie sollte ein Mensch allein auch so viel arbeiten können, dass er mehr als zehntausendmal so viel verdient wie ein anderer Mensch? Tatsächlich spricht einiges dafür, dass die Superreichen ihren Reichtum aus bzw. über multinationale Unternehmen schöpfen, in denen sie andere Menschen für sich arbeiten lassen. Von den 100 reichsten Menschen sind fast alle entweder Eigentümer oder Topmanager von Unternehmer. Ein paar haben ihren Reichtum geerbt, dann allerdings immer von Unternehmern. Weibliche Unternehmerinnen sind derzeit nur vereinzelt auf der Forbes-Liste vertreten. Übrigens gab es in den letzten Jahren auf den vorderen Plätzen der Liste der Superreichen eine interessante Verschiebung weg von den Eigentümern hin zu den Topmanagern von Unternehmen. Es scheint so, als hätten die Erfüllungsgehilfen der Unternehmerkaste eine erfolgreiche Palastrevolte unternommen.

Obwohl die Superreichen also das meiste Geld in Unternehmen stecken, um es zu vermehren, und ihr Geld nicht in Bunkern oder auf Bankkonten horten, haben sie noch immer ziemlich viel übrig, das sie für alle möglichen Dinge ausgeben können. Sie kaufen sich maßangefertigte Yachten oder berühmte Gemälde, riesige Villen oder traumhafte Juwelen, schnelle Rennautos oder erlesene Weine. Meistens kaufen sie sich all diese Sachen gleichzeitig. Jeder Wunsch wird ihnen von den Lippen abgelesen, und sehr viele Menschen arbeiten, nur um ihnen all ihre Begehren zu erfüllen. Das ist auch kein Wunder, denn Märkte stellen diejenigen Güter zur Verfügung, für die Menschen bereit sind, Geld auszugeben. Wenn Menschen bereit sind, mehr Geld für ein Gut auszugeben, dann steigt der Marktanreiz, dieses Gut herzustellen. Die Superreichen haben sehr viel Geld, mit dem sie diese Struktur der Märkte steuern können. Genau das ist es ja, was sie superreich macht bzw. gemacht hat.

Superreiche reinvestieren ihr Geld jedoch nicht nur oder geben es für Luxusgüter aus. Viele von ihnen verwenden es auch für Charity, also für Wohltätigkeit. Der berühmteste Fall ist wohl die Bill-und-Melinda-Gates-Stiftung mit über 40 Milliarden US-Dollar Stiftungskapital. Einerseits ist es sicherlich nobel von den Eheleuten Gates, derartig viel Geld zu stiften. Andererseits besitzt Gates ja immer noch 90 Milliarden US-Dollar. Es ist nicht leicht sich vorzustellen, ob und wie die gespendeten 40 Milliarden US-Dollar, die den Gates' nun fehlen, im Leben der Gates' einen Unterschied ausmachen könnten. Die Gates sind ja weiterhin superreich.

Sind sie jetzt aber weniger superreich? Das führt zurück zu der Frage, ab wann man superreich ist. Will man zugleich einen relativen und einen absoluten Begriff vom Reichtum verwenden, wie ich es vorschlagen möchte, dann besteht diese Frage aus zwei Teilen. Ab wann ist man relativ gesehen superreich? Und ab wann ist man absolut gesehen superreich?

Der relative Maßstab für Superreichtum lässt sich auf unterschiedliche Weise festlegen: Eine Möglichkeit könnte darin bestehen, nur Dollar-Milliardäre als superreich zu bezeichnen. Im Anschluss ginge es dann darum, deutlich zu machen, dass diese Milliardäre im Verhältnis zu Millionären noch sehr viel mehr Geld zur Verfügung haben.

Eine andere Möglichkeit könnte darin bestehen, Menschen mit hundert- oder tausendmal so viel Einkommen und Vermögen wie der Durchschnitt als »reich« zu bezeichnen. In Deutschland haben Menschen mit einem Vermögen von mehr als zwölf Millionen Euro hundertmal so viel wie der Durchschnitt.

Eine dritte Möglichkeit besteht darin, einfach die ökonomisch gesehen obersten 0,1 Prozent der Bevölkerung als »superreich« zu bezeichnen. In Deutschland verdient diese Gruppe etwa zwei Millionen Euro pro Jahr. Welchen relativen Maßstab man nun wählt, hängt davon ab, welche normativen, d. h. regelvorgebenden Ziele man damit verfolgt. Letztlich müssen diese Maßstäbe also wie erwähnt politisch festgelegt werden, ähnlich wie die Altersgrenze für erlaubten Alkoholkonsum oder Volljährigkeit auch. Meiner Meinung nach sollte man die Grenze für Reichtum und Superreichtum lieber nicht zu hoch ansetzen (ich werde am Ende dieses Kapitels darauf zurückkommen, aus welchem Grund).

Die absolute Grenze für Superreichtum muss also auf andere Art und Weise festgelegt werden als über einen bloßen Vergleich mit dem Rest der Gesellschaft. Es muss sich ein substantieller Maßstab finden lassen, der etwas damit zu tun haben sollte, was man mit diesem großen Reichtum anfangen kann.

Doch darin besteht auch gleichzeitig das Problem: Man kann ziemlich viele und sehr verschiedene Dinge mit diesem unvorstellbaren Reichtum anfangen. Man kann ihn spenden, wie wir gesehen haben. Man kann sich ein Unternehmensimperium aufbauen. Man kann ihn für Luxusgüter verprassen. Und man kann sich politische Macht kaufen. Wann aber betreibt man diese Dinge in einem Ausmaß, der es rechtfertigen würde zu sagen, nur Superreiche können sich solches leisten? Um diese Frage zu beantworten, bedarf es eines offenen politischen Diskurses. Wir müssen mehr über Geld reden, um das festlegen zu können.

Reiche

Reiche Menschen sind nicht superreich. Sie sind nicht Multimilliardäre, die mehr Geld haben, als man sich überhaupt vorstellen kann. Sie haben auch nicht mehr Geld, als man vernünftigerweise für Konsumgüter ausgeben kann.

Was aber bedeutet es dann für sie, dennoch reich zu sein? Erneut können hier ein relativer und ein absoluter Maßstab angelegt werden. So ist es beispielsweise üblich, von Millionären zu sagen, sie seien reich. Eindeutig gilt das im Fall der Multimillionäre.

Man könnte jedoch auch einfach die obersten zehn Prozent der Gesellschaft als die Gruppe der Reichen bezeichnen.

Eine dritte Möglichkeit besteht darin, alle Menschen mit mehr als 200 oder 300 Prozent des Durchschnittseinkommens als reich zu bezeichnen. Das wären in Deutschland laut Reichtums- und Armutsbericht im Jahre 2014 Menschen mit einem Einkommen von mehr als 3520 Euro bzw. 5280 Euro pro Monat.

Doch erneut gilt es zu beachten, dass diese relativen Maßstäbe nur für bestimmte Perspektiven relevant sind. Vor allem können sie zu dem Zweck genutzt werden, die Ungleichheit in der Gesellschaft sichtbar zu machen. Wie viel mehr Einkommen haben die Reichen? Wie viele Menschen verdienen dreimal so viel wie der Durchschnitt? Wie viele Millionäre gibt es in Deutschland? Für politische Zwecke und einen öffentlichen Diskurs über Ungleichheit sind diese relativen Maßstäbe also durchaus sinnvoll. Daher ist es wieder Aufgabe der Politik, die Maßstäbe für relativen Reichtum festzulegen. Allerdings muss auch diese Diskussion von einer kritischen Öffentlichkeit begleitet werden, die dafür sorgt, dass die Maßstäbe nicht allzu hoch, aber auch nicht zu niedrig angesetzt werden.

Wie könnte ein absoluter Maßstab für Reichtum bestimmt werden? Er muss ja niedriger ausfallen als der absolute Maßstab für Superreiche. Reiche dürften am Ende mehr Geld haben, als man vernünftigerweise für Konsumgüter ausgeben kann. Trotzdem müssen sie natürlich so viel Geld zur Verfügung haben, dass es angemessen erscheint, sie als reich zu bezeichnen. Es reicht also nicht aus, sich auch einmal etwas gönnen zu können und frei von finanziellen Sorgen zu sein: Das wäre noch kein hinreichendes Anzeichen von Reichtum. Ich werde als reich diejenigen bezeichnen, die sehr viel mehr Geld haben, als man für ein autonom bzw. eigenständig geführtes Leben braucht.

Natürlich stellt sich sofort die Frage, was denn nun ein autonomes Leben ist und warum man für solch ein Leben überhaupt Geld braucht. Außerdem irritiert vielleicht meine Behauptung, dass man erst dann wirklich reich ist, wenn man sehr viel mehr Geld hat, als man für ein autonom geführtes Leben tatsächlich braucht. Warum reicht es nicht aus, lediglich etwas mehr Geld zu haben?

Mit einem autonom geführten Leben meine ich ein Leben, in dem man selbst bestimmt, was dieses Leben lebenswert und sinnvoll macht, und in dem man auch in der Lage ist, diese Vorstellung vom gelingenden Leben aktiv umzusetzen. Für sehr viele Vorstellungen vom gelingenden Leben braucht man aber Geld, um sich diejenigen Dinge kaufen zu können, die für dieses Leben wichtig sind. Wenn man beispielsweise als leidenschaftlicher Angler oder Weltenbummler leben möchte, dann braucht man natürlich Geld. Auch eine Familie und ein Haus im Grünen kosten Geld. Reich ist also jemand, der deutlich mehr Geld hat, als man für die Umsetzung solcher Vorstellungen vom gelingenden Leben braucht.

Doch diese Bestimmung scheint viel zu beliebig zu sein. Denn es gibt auch sehr bescheidene Vorstellungen vom gelingenden Leben, für deren Verwirklichung nur sehr wenig Geld notwendig ist. Das gilt beispielsweise für das Leben einer Nonne oder eines Eremiten. Und natürlich gibt es auch luxuriöse Vorstellungen vom gelingenden Leben, die auf sehr viel Geld angewiesen sind. Das Leben eines Gourmets oder einer Autoliebhaberin beispielsweise kann sehr teuer werden. Hängt die absolute Grenze, jenseits der man jemanden als reich bezeichnet, also tatsächlich von diesen individuellen Vorstellungen vom gelingenden Leben ab und ist sie für jeden Menschen anders? Das wäre zumindest seltsam.

Die absolute Grenze für Reichtum muss also stärker normativ bestimmt werden. Mein Vorschlag lautet, dass man denjenigen als reich bezeichnet, der deutlich mehr Geld hat, als man für die Umsetzung einer vernünftigen Vorstellung vom gelingenden Leben zur Verfügung haben muss. Damit können Vorstellungen ausgeschlossen werden, die extravagant sind. Das ist wichtig, denn wie der Philosoph Gerald Cohen (2004) überzeugend argumentiert hat, müssen wir extravagante Wünsche und Geschmäcker in gerechtigkeitstheoretischen Überlegungen nicht berücksichtigen.

Natürlich stellt sich unmittelbar die Frage, was eine Vorstellung vom gelingenden Leben denn unvernünftig machen soll. An dieser Stelle zeigt sich die Gefahr, dass eine Gruppe von Menschen versuchen könnte, einer anderen Gruppe von Menschen vorzuschreiben, was vernünftig und daher eine schützenswerte Form des guten Lebens ist, und sie auf diese Weise bevormunden will. Das im Raum stehende Problem eines dominierenden Paternalismus kann man jedoch umgehen, indem man nicht von einer substantiellen, sondern von einer sehr dünnen und prozeduralen Vorstellung von Vernünftigkeit ausgeht.

In diesem Falle wären nur solche Vorstellungen vom guten Leben vernünftig, die die Bedürfnisse anderer Menschen angemessen berücksichtigen und ihnen zumindest Chancengleichheit einräumen. Das lässt noch genug Spielraum, um als einzelner Mensch autonom festlegen zu können, wie man gut leben möchte. Man müsste dabei aber berücksichtigen, dass andere Menschen eine gleiche Chance verdienen, ihre Vorstellung vom guten Leben zu verfolgen. Das gilt jedoch nur, solange diese Vorstellung ebenfalls Rücksicht auf die Chancen der anderen Menschen nimmt. Auf diese Weise sorgen alle Menschen in ihrer Bestimmung vom gelingenden Leben dafür, dass sie sich nicht auf Kosten anderer Menschen verwirklichen.

Ein Vorteil dieses Vorschlags besteht darin, dass er die traurige Möglichkeit zulässt, dass beispielsweise in Deutschland fast alle Menschen reich sind. Es kann nämlich sein, dass wir alle auf Kosten anderer gegenwärtiger oder zukünftiger Menschen leben und viel bescheidenere Vorstellungen vom guten Leben entwickeln müssten, um diesen anderen Menschen faire Chancen zu lassen. Dann wären wir vor dem Hintergrund dieser zwar bescheideneren, aber auch vernünftigeren Vorstellung vom guten Leben reich, weil wir sehr viel mehr Geld zur Verfügung haben, als man für die Umsetzung dieser Vorstellung braucht.

Auf dieses Problem werde ich im nächsten Kapitel zurückkommen, wenn es um die Frage geht, ob Reichtum manchmal rechtfertigbar oder aber immer ungerecht ist. Zuvor muss jedoch geklärt werden, was es heißt, nicht reich, sondern lediglich wohlhabend zu sein. Denn viele Menschen in Deutschland würden gerne zugeben, dass sie wohlhabend, jedoch eher leugnen, dass sie reich sind.

Wohlhabende

Das vorgeschlagene Verständnis von Reichtum kann dabei helfen zu bestimmen, wann jemand wohlhabend ist. Reich ist ja derjenige, der deutlich mehr Geld zur Verfügung hat, als man für die Umsetzung einer vernünftigen Vorstellung vom gelingenden Leben braucht. Entscheidend ist hier, dass man nicht nur mehr, sondern deutlich mehr Geld zur Verfügung haben muss, um als reich zu gelten. Wohlhabend ist demgegenüber jemand, der etwas mehr Geld zur Verfügung hat, als man für eine Umsetzung einer vernünftigen Vorstellung vom gelingenden Leben benötigt. Warum sollte jedoch dieser Unterschied so wichtig sein, ob man nun etwas mehr oder ob man deutlich mehr Geld hat?

Wenn man etwas mehr Geld zur Verfügung hat, als man für ein gelingendes Leben braucht, kann man zwei Ziele zugleich angehen: Man kann seine Vorstellung vom gelingenden Leben verfolgen – und man kann gleichzeitig ein wenig Geld zur Seite legen, um für seine zukünftige finanzielle Absicherung zu sorgen. Diese Absicherung hilft dabei, auch in Zukunft seine Vorstellung vom guten Leben weiter umsetzen zu können. Solch ein finanzielles Polster schafft natürlich keine absolute Sicherheit. Das gilt schon allein deswegen, weil andere Ursachen als Geldnöte die Lebensführung stark belasten können. Das könnten beispielsweise eine schwere Krankheit oder eine zerstörte Beziehung sein. Außerdem dürfte man schon dann wohlhabend sein, wenn das angesparte Vermögen zwar relativ bescheiden ist, jedoch beispielsweise dabei helfen würde, eine gewisse Zeit ohne Einkünfte auszukommen.

An dieser Stelle wird erneut deutlich, wie schwierig es ist, Grenzen abstrakt festzulegen. Wann genau hat man nur wenig mehr oder deutlich mehr Geld, als man für eine Umsetzung einer vernünftigen Vorstellung vom guten Leben braucht? Auch reiche Menschen sparen natürlich Geld, um sich für die Zukunft abzusichern. Bei welcher möglichen Sparsumme muss man dann aber die Grenze zwischen

Wohlhabenheit und Reichtum festlegen? Bei einem durchschnittlichen Jahresgehalt – oder bei zwei solchen Jahresgehältern – oder bei noch mehr? Mir erscheint es angemessen, Vermögen dann als »Reichtum« zu bezeichnen, sollte sich jemand mehr als drei durchschnittlichen Jahresgehälter zur Seite gelegt haben. In diesem Falle hat man sicherlich genug Geld gespart, um selbst eine längere Zeit seine Vorstellung vom guten Leben ohne Einkünfte weiterzuverfolgen. Die Ersparnisse müssen dabei natürlich nicht auf dem Konto liegen, sondern können etwa in Form einer Eigentumswohnung angelegt sein.

Es ist für die Bestimmung dieser Grenze unerheblich, ob man tatsächlich spart oder nicht. Wohlhabend ist nämlich auch jemand, der sehr luxuriös lebt und nicht spart, jedoch sparen *könnte*, wenn er oder sie weniger aufwendig leben würde.

Eine solche Annahme hilft auch dabei, ein weiteres Problem zu klären: Wir können uns in einer Gesellschaft wie der deutschen natürlich viele verschiedene Vorstellungen vom guten Leben denken, die finanziell mehr oder weniger aufwendig sind. Selbst wenn man nicht als Nonne oder Eremit lebt, kann man eine sehr bescheidene Vorstellung vom eigenen Leben umsetzen und fleißig sparen, ohne dadurch schon wohlhabend zu werden (vielleicht ist das sogar das bessere Leben, wie Emrys Westacott [2018] argumentiert).

Jedenfalls sollten wir zur Bestimmung von Wohlhabenheit hinzufügen, dass wohlhabende Menschen finanziell aufwendigere, jedoch weiterhin nach allgemeinen Maßstäben vernünftige Vorstellungen vom gelingenden Leben verfolgen können. Diese Lebensweisen sind üppiger als andere. Die Urlaube sind länger, die Lebensmittel erlesener, die Kleidung ist ausgewählter als bei vielen anderen Menschen. Damit wir hier weiterhin von einer »vernünftigen Lebensweise« sprechen können, muss diese Lebensweise damit vereinbar sein, dass die anderen Gesellschaftsmitglieder faire Chancen haben, ihre Vorstellungen vom gelingenden Leben ebenfalls zu verwirklichen. Doch in diesem großen Bereich vernünftiger Vorstellungen vom gelingenden Leben begegnen uns mehr oder weniger aufwendige Formen. Wohlhabende Menschen sind solche, die nicht nur eine faire Chance hatten, sondern tatsächlich die Möglichkeit dazu haben, diese aufwendige Lebensweise auch tatsächlich zu leben. Außerdem steht ihnen genug Geld zur Verfügung, um sich neben ihrer aufwendigen Lebensführung durch Ersparnisse für die Zukunft abzusichern. Reiche Menschen hingegen können diese aufwendigen Lebensweisen führen, genug Geld sparen und haben trotz allem noch viel Geld übrig.

Doch was soll mit diesem überschüssigen Geld geschehen? Wie würde ein fairer Umgang mit diesem Geld aussehen? Haben die Reichen ihren Reichtum überhaupt verdient? Oder ist es ungerecht, dass sie so reich sind? Das sind die zentralen Fragen der nächsten Kapitel.

3. Ist Reichtum immer ungerecht?

Superreiche Menschen haben mehr Geld, als man sich überhaupt vorstellen kann. Reiche Menschen haben deutlich mehr Geld, als man braucht, um vernünftige Vorstellungen vom guten Leben verfolgen zu können. So lauteten die Vorschläge im letzten Kapitel, um substantiellen Reichtum besser zu verstehen. Dabei ist bereits deutlich geworden, dass diese Vorstellung von Reichtum eine stark normative Dimension hat. Denn vernünftig sind nur jene Vorstellungen vom guten Leben, die anderen Gesellschaftsmitgliedern faire Chancen lassen, ihre eigenen Lebenspläne zu verfolgen.

Das provoziert natürlich die Frage, ob Reichtum immer ungerecht ist. Denn reiche Menschen haben ja deutlich mehr Geld, als sie für die Umsetzung vernünftiger Lebenspläne brauchen. Schränken die Reichen damit nicht immer auch die Chancen anderer auf ungerechte Weise ein?

Meiner Meinung nach muss das nicht immer so sein. Gesetzt den Fall, dass ein Mensch außerordentlich fleißig arbeitet und ein anderer Mensch ein vergleichsweise entspanntes Leben führt, kann zwischen beiden relativ große Ungleichheit entstehen. Das kann so weit gehen, dass der eine reich geworden ist und der andere ziemlich bescheiden leben muss. Solange jedoch beide zu Beginn ähnlich faire Chancen hatten, so argumentieren viele Denkerinnen, ist das ein akzeptables Ergebnis. Andere Theoretiker halten dem entgegen, dass man die Leistung einzelner Menschen nicht überbewerten und lieber auf sozioökonomische Gleichheit setzen sollte. Das würde Reichtum dann ganz ausschließen.

Ich möchte hier eine bescheidenere Zwischenposition anregen (vgl. dazu die Ausführungen in Neuhäuser 2018, bes. S. 117–127). Reichtum kann dann gerechtfertigt sein, wenn er tatsächlich auf eigener Leistung beruht. Das schließt den Reichtum der Superreichen eigentlich immer als ungerecht aus, weil der nie wirklich auf eigener Leistung beruht, ja: gar nicht beruhen kann, wie ich im nächsten Kapitel zeigen werde. Bei einfachem Reichtum ist solch eine Ungerechtigkeit jedoch nicht so offensichtlich: Vielleicht gründet dieser Reichtum manchmal tatsächlich auf eigener Leistung? Auszuschließen ist das nicht. Allerdings, so muss man gleich einschränken, kann auch verdienter Reichtum ungerecht sein.

Reichtum ist meiner Ansicht nach auf jeden Fall immer dann ungerecht, wenn er zu dominierender Macht führt, wenn er zur Erosion der Demokratie beiträgt und wenn er die soziale Würde der Mitmenschen bedroht. In diesen Fällen muss der Reichtum vielleicht sogar nicht einmal auf ungerechte Weise zustande gekommen sein. Dennoch hat er massiv ungerechte Konsequenzen. Die Reichen haben eigentlich nichts falsch gemacht, indem sie zu ihrem Reichtum gekommen sind. Sie haben vielleicht sogar hart dafür gearbeitet. Aufgrund der unbeabsichtigten negativen Effekte sollten wir diese problematischen Formen von Reichtum vielleicht trotzdem unterbinden.

Ich halte diese Einsicht für sehr wichtig. Daher soll es in diesem Kapitel um die drei genannten negativen Effekte, nämlich den der dominierenden Macht, der Demokratieerosion und der Würdeverletzung durch Reichtum, gehen.

Reichtum und Macht

Geld ist Macht. Das ist keine besonders überraschende Behauptung, sondern eher eine Alltagsweisheit. Trotzdem ist es wichtig, sie ernstzunehmen, denn Macht soll und kann dazu genutzt werden, um andere Menschen zu dominieren – also auch Geld. Wie funktioniert das? Um das zu zeigen, soll im Folgenden zuerst ein relativ einfacher Machtbegriff entwickelt und dann nachgewiesen werden, dass Geldreichtum zu ökonomischer Macht und darüber auch zu politischer Macht führt, die problematisch ist.

Max Webers Verständnis von Macht, insbesondere in der Weiterentwicklung von Stephen Lukes (2004), eignet sich gut dafür, zu verstehen, wie Geld zu Macht führt. Für Weber besteht Macht in der Chance, den eigenen Willen auch gegen Widerstand durchzusetzen. Diese Begriffsbestimmung hat den Vorteil, dass sie das Handeln von solchen Akteuren in den Vordergrund rückt, die ihre eigenen Interessen durchsetzen wollen. Geld wäre demnach ein Mittel, um den eigenen Willen durchzusetzen, und zwar auch gegen Widerstand.

Dafür gibt es ohne Zweifel viele Beispiele. Man könnte sich etwa vorstellen, dass zwei Frauen einen Rechtsstreit ausfechten und sich die eine der beiden sehr gute Anwälte leisten kann, die andere jedoch nicht. Wenn der Ausgang des Prozesses von der Qualität der Anwälte abhängt, dann konnte die erste Frau ihren Willen mit Hilfe ihres Geldes gegen den Widerstand der anderen Frau durchsetzen. Geld stellt hier also ganz offensichtlich ein Machtmittel dar.

Allerdings ist Webers Begriff von Macht doch eher allgemein gefasst. Denn ihm zufolge sind alle möglichen Interessenkonflikte von Macht durchzogen. Einerseits ist das wahrscheinlich in der Tat so. Andererseits macht das den Machtbegriff auch wenig informativ. Stephen Lukes hat den Machtbegriff von Weber daher auf interessante Weise erweitert und in drei Dimensionen aufgefächert. Mächtige können Lukes zufolge

1. das Handeln anderer Akteure unmittelbar kontrollieren,
2. die Interaktionsräume dieser Akteure gestalten und
3. die Interessen anderer Akteure beeinflussen.

Einige einfache Beispiele aus der Ökonomie zeigen, wie sich Geldreichtum nutzen lässt, um Macht in allen drei Formen ausüben zu können.

Ökonomische Macht in der Form einer direkten Handlungskontrolle haben beispielsweise Unternehmen, die viel Gewinn machen. Sie können deutlich höhere Löhne zahlen als andere Unternehmen und sich daher die besten Bewerberinnen aussuchen. So ist es bei den großen Unternehmen der Digitalwirtschaft wie Apple, Google und Facebook. Sie können sich die besten Softwareingenieure leisten. Ein anderes Beispiel stellen reiche Menschen dar, die sich Anlageberater leisten und damit mehr Steuern sparen und höhere Renditen erzielen können als andere Menschen.

Die ökonomische Macht, Interaktionsräume zu gestalten, haben beispielsweise Unternehmen, die Städte entwickeln, indem sie in Siedlungen hochpreisige Wohnungen und teure Shoppingmalls bauen. Die Internetunternehmen gestalten den digitalen Raum aktiv nach ihren Vorstellungen. Automobilkonzerne haben erheblichen Einfluss auf die Form und die Kosten unserer Mobilität. Einzelne reiche Menschen können ebenfalls Interaktionsräume nach ihren Wünschen gestalten, etwa, indem sie Geld an eine Universität spenden und das mit bestimmten Auflagen verbinden, das eine oder andere Fach zu stärken oder bestimmte Gebäude zu errichten – oder bestimmte Forschungen nur noch unter bestimmten Voraussetzungen oder gar nicht mehr anzustrengen.

Die Macht, die Interessen von Menschen zu beeinflussen, üben Unternehmen vor allem durch Werbung aus. Die funktioniert meistens so, dass sie unmittelbar bestimmte Wünsche in die Herzen der Menschen hineinwerben. Manchmal sieht man ein bestimmtes Kleid in der Werbung und will es daraufhin unbedingt so schnell wie möglich haben. Doch Unternehmen kreieren durch Werbung vor allem eine besondere, eine wahrgenommene Wirklichkeit. Was bei der Werbung hängenbleibt, ist auch und vor allem dies: Solch ein Kleid trägt man, wenn man schön, modern, beliebt, frei und fröhlich sein möchte. Werbung schafft also Lebensformen und bewertet sie als wünschenswert. Ein Großteil unserer Wahrnehmung unserer Gesellschaft wird durch Werbung gesteuert, und das hat erheblichen Einfluss auf unsere Wünsche und Interessen, wie schon Herbert Marcuse (1964/2008) und in jüngerer Zeit Benjamin Barber (2008) dargelegt haben.

Für einzelne Menschen ist es vergleichsweise schwieriger, die Interessen anderer Menschen unmittelbar durch die Manipulation der Wirklichkeit zu beeinflussen. Dazu muss man schon sehr reich sein, etwa wie Bill Gates oder Mark Zuckerberg. Oder aber die Koch-Brüder, die in den USA mehr als 400 Millionen Dollar für einen Wahlkampf gespendet haben. Es handelt sich deshalb vor allem um Unternehmen, die besonders große ökonomische Macht haben. Das ist möglicherweise einer der Gründe dafür, warum es diese Unternehmen überhaupt gibt. Doch hinter den Unternehmen stehen immer auch reiche Aktionäre und Topmanager, die die Stärke ihrer Unternehmen nutzen, um ihre Macht zu festigen. Und das betrifft natürlich nicht nur ihre wirtschaftliche, sondern auch ihre politische Macht.

Reichtum und Demokratie

Reiche Akteure haben nicht nur ökonomische Macht. Sie haben aufgrund ihres Reichtums auch politische Macht. Dies lässt sich wiederum besonders gut an dem dreifach aufgefächerten Machtbegriff von Lukes zeigen. Reiche Akteure können nämlich

1. das politische Handeln anderer Akteure unmittelbar kontrollieren,
2. politische Interaktionsräume gestalten und
3. politische Interessen formieren.

Wieder gilt, dass dies institutionell organisierte Akteure wie Unternehmen, aber auch Staaten, besonders gut können. Wieder gilt aber auch, dass hinter diesen Strukturen oft reiche einzelne Menschen stehen. Wie genau führt also Geldreichtum zu politischer Macht?

Ein gutes Beispiel für die direkte Kontrolle des politischen Handelns anderer Akteure bieten Drohungen von

Unternehmen, ihr Kapital aus einer politischen Gemeinschaft abzuziehen, wenn bestimmte, ihnen unangenehme politische Entscheidungen gefällt werden sollten. So hat beispielsweise die Idee eines Volksbegehrens in der Schweiz, absolute Topgehälter in Unternehmen zu deckeln, sehr schnell an politischem Rückhalt verloren, als die Unternehmensverbände mit Abwanderung ihrer Mitglieder gedroht hatten. Ein anderes Beispiel ist der Einfluss, den viele kleine und mittelständische Unternehmer auf die politischen Aktivitäten ihrer Angestellten und Arbeiterinnen haben. Erstere drohen oft sogar mit Entlassung, wenn Letztere sich öffentlich für bestimmte Parteien engagieren. Offiziell dürfen sie das natürlich nicht. Zu nennen wären hier auch Parteispenden sowie Politiker, die mit hochbezahlten Jobs oder Vorträgen in die Privatwirtschaft gelockt werden.

Ein Beispiel für die Kontrolle von politischen Interaktionsräumen bieten reiche Staaten, die ihre wirtschaftliche Hilfe für arme Staaten an bestimmte politische Auflagen koppeln. Auf diese Weise üben sie erheblichen Einfluss auf die politische Grundstruktur dieser Staaten aus und kontrollieren die Interaktionsräume der in diesen Staaten lebenden Menschen. Am einleuchtendsten ist wohl die Tatsache, dass sich viele private Medien in der Hand reicher Besitzer befinden. Damit können diese reichen Akteure bedeutenden Einfluss auf die Struktur des öffentlichen Diskurses nehmen, indem sie die Themen, den Ton und die Formate politischer Informationen und Diskussionen vorgeben.

Diese Macht über Medienstrukturen verschafft reichen Akteuren auch Zugriff auf die genannte dritte Form der Macht, nämlich die politischen Interessen zu formieren.

Indem sie viel Geld in eine bestimmte Form oder Richtung des politischen Diskurses stecken, können sie die Wahrnehmung der politischen Öffentlichkeit massiv beeinflussen. Das funktioniert nicht nur direkt über das Eigentum an Zeitungen, Fernsehsendern und Websites. Die öffentliche Wahrnehmung beeinflussen beispielsweise auch Stiftungen und Think Tanks, die häufig von reichen Leuten mit bestimmten Interessen finanziert werden. Wie weit das gehen kann, hat die Journalistin Jane Mayer (2016) aufgedeckt. Selbst Präsidentschaftswahlen werden erheblich auf diese Weise gesteuert.

Alle diese Formen eines auf Reichtum basierenden politischen Einflusses stellen ein gewichtiges Problem für die Demokratie und damit für die vielleicht wichtigste politische Errungenschaft der Gegenwart dar. Die ursprünglich republikanische Grundidee der modernen Demokratie lautete doch eigentlich, dass die Stimme wirklich aller Bürgerinnen und Bürger gleich viel zählt und nur inhaltliche politische Gründe und Argumente über die politischen Mehrheiten entscheiden. In politische Macht umgewandelter Geldreichtum unterwandert diesen Kerngedanken der Demokratie dabei in doppelter Weise. Erstens können reiche Akteure ihrer Stimme auf illegitime Weise übermäßig viel Gewicht verleihen. Zweitens befördern sie damit allgemein eine Interessendemokratie, die sich immer weiter von einem verständigungsorientierten Diskurs entfernt.

Dem ersten Problem zufolge haben die Stimmen reicher Akteure übermäßig viel Gewicht. Sie müssen sich für ihre Anliegen nicht allein auf der Grundlage guter Argumente und mit Hilfe kritisch nachvollziehbarer Gründe politische Aufmerksamkeit verschaffen. Vielmehr können sie die Wahrnehmung politischer Fragen durch Manipulation des öffentlichen Diskurses viel grundlegender beeinflussen. Außerdem können sie den politischen Raum zu ihren Gunsten gestalten und erheblichen Druck auf politische Machthaber ausüben. Es ist nicht verwunderlich, wenn Reiche diese Abkürzung, vorbei an mühsamen politischen Auseinandersetzungen in der demokratischen Diskursarena, nehmen, um ihre Interessen durchzusetzen.

Damit verschärfen sie jedoch das zweite Problem und tragen dazu bei, dass die republikanische Idee der Demokratie durch eine bloße Interessendemokratie verdrängt wird. Am Ende bemühen sich Interessengruppen nur noch ausschließlich darum, in einem Prozess des politischen Feilschens möglichst viele ihrer Interessen auch gegen berechtigten Widerstand durchzusetzen. Demokratische Willensbildung bedeutet dann eigentlich nur noch die Durchsetzung von Macht auf möglichst friedvolle Weise und im Rahmen gegebener Institutionen. Selbst Wahlen werden sekundär, weil die entscheidenden Fragen in Hinterzimmern oder etwa über öffentliche Drohungen geklärt werden. Argumente und politische Gründe spielen eigentlich keine Rolle mehr bzw. finden kaum noch Gehör. Es bleiben die Politik-Talkshows, in denen man so tut, als würde man noch ergebnisoffen diskutieren und gemeinsam eine Lösung für ein Problem suchen.

Diese Aushöhlung der Demokratie gefährdet nicht nur die politische Stabilität, sondern verletzt auch die Würde der Bürgerinnen und Bürger. Sie können sich nicht mehr als Gleiche im politischen Raum begegnen und haben daher allen Grund dazu, sich in ihrer Selbstachtung als gleichwürdige Gesellschaftsmitglieder entwertet zu sehen.

Doch nicht nur auf Geldreichtum beruhende politische Macht stellt eine Gefahr für das Zusammenleben in Würde dar. Es gibt noch eine weitere Gefährdung, die auf der ökonomischen und politischen Macht reicher Akteure beruht und viel mit der Bedeutung des sozialen Status zu tun hat.

Reichtum und Würde

Reiche Akteure haben ökonomische und sie haben politische Macht. Wenn sie sehr viel mehr Macht als andere Akteure haben, dann ist das ungerecht. Denn ihre übergroße ökonomische Macht kann zu unfairen Marktpraktiken führen, wenn sie beispielsweise als Unternehmer ihre Angestellten ausbeuten, abhängige Zulieferbetriebe unter Druck setzen, die Einrichtung von Betriebsräten unmöglich machen, Vergünstigungen demontieren usw. Die Ausnutzung ihrer politischen Macht ist ungerecht, weil reiche Akteure erheblich mehr Einfluss auf die Grundstruktur des politischen Gemeinwesens nehmen können als andere. Damit unterlaufen sie die für jede Demokratie so zentrale Idee von der Gleichheit aller Menschen. Tatsächlich gefährdet Geldreichtum das Zusammenleben in Würde auf noch grundlegendere Weise.

Die Würde jedes Menschen besteht tatsächlich nicht nur darin, bestimmte Grundrechte zu besitzen. Sie beruht auch darauf, als gleichrangiges Gesellschaftsmitglied anerkannt zu werden. Der Individualisierungsprozess der Moderne läuft nämlich auf die Idee hinaus, dass alle Menschen fundamental gleich und ihre Lebensführung im Kern gleichermaßen wertvoll ist. Ein Mensch, der sich selbst auf diese Weise versteht, ist aus Gründen der Selbstachtung darauf angewiesen, von anderen Menschen als gleichermaßen würdevolles Gesellschaftsmitglied geachtet zu werden. Diese gleiche Achtung zeigt sich nicht nur in institutionellen Gefügen wie dem Rechtssystem und der demokratischen Struktur. Sie bezieht sich auch auf alltägliche Interaktionen, wie Axel Honneth (2015) gezeigt hat.

Dieser Zusammenhang ist für Geldreichtum als Gerechtigkeitsproblem grundlegend. Denn im Alltag wird sich über die dem Einzelnen zur Verfügung stehenden materiellen Güter oder über beanspruchte Dienstleistungen ausgetauscht: Wo steht man gesellschaftlich? Kleidung, Schmuck, Autos und Mobiltelefone, doch ebenso Haarschnitte, Typberatungen und Fitnesskurse sind nicht nur Ausdruck eines persönlichen Stils, sondern auch des gesellschaftlichen Ranges. Es ist dabei nicht einmal unbedingt notwendig, seinen Rang konkreten anderen Menschen zur Schau zu stellen. Man kann beispielsweise auch bei sich daheim exklusive Designermöbel stehen haben und sich auf diese Weise des eigenen Status in den nur imaginierten Augen der anderen sicher sein.

Diese Statusfrage bezieht sich eigentlich auf den ganzen Lebensstil. Lebt man »kosmopolitisch« oder »weltmännisch«, wie man es früher einmal genannt hat? Lebt man nachhaltig und gesund, hat Spaß und macht aufregende Erfahrungen? All dies stellt nicht nur individuelle Lebensweisen dar. Es handelt sich immer auch um Verortungen gesellschaftlicher Standpunkte. In Fragen der sozialen Würde sind unsere Gesellschaften noch immer stark hierarchisiert. Der Lebensstil soll nun zum Ausdruck bringen, an welcher Stelle in dieser Hierarchie man sich befindet. Wie das funktioniert, hat Pierre Bourdieu (1979) vor 40 Jahren auf unnachahmliche Weise herausgearbeitet. Geldreichtum stellt mit Blick auf die soziale Würde des Einzelnen also aus zwei Gründen ein Gerechtigkeitsproblem dar: Erstens verschafft er einigen Menschen die Macht, diese gesellschaftlichen Hierarchien zu gestalten und damit zu bestimmen, was überhaupt würdevoll ist. Zweitens sind es diese Menschen, die den entsprechenden Lebensstil dann auch tatsächlich pflegen können, während andere nicht einmal die Chance dazu haben, auch nur im Ansatz mitzuhalten.

Das erste Problem besteht also darin, dass reiche Menschen gesellschaftliche Strukturen und Institutionen nach ihren Bedürfnissen gestalten können. Ein gutes Beispiel dafür bieten die Zentren großer Städte. Dort ist alles teuer, die Wohnungen und die Restaurants, ebenso Mobilität und Freizeitangebot. Für reiche Menschen ist das ein Paradies, alle anderen müssen sich jedoch in die Vorstädte oder in Subkulturen zurückziehen. Entsprechend stellt die Werbung oder auch die Unterhaltungsindustrie das Leben der Reichen als besonders erstrebenswert und als bevorzugte Vorstellung vom guten Leben dar. Dieses Leben ist glamourös, aufregend, voller Liebe und Freuden. Da Werbung und Unterhaltungsindustrie vor allem am Absatz von Waren interessiert sind, kann es kaum verwundern, dass beide sich an der Kaufkraft der Reichen orientieren. Und vermutlich wollen viele Menschen dann so sein wie jene Reichen und geben für Wohnung, Autos usw. mehr Geld aus, als sie eigentlich zur Verfügung haben. Das ist deshalb problematisch, weil reiche Menschen und die auf sie ausgerichtete Kulturindustrie auf diese Weise bestimmen, was in einer Gesellschaft als würdevolles Leben gilt und was nicht.

Das zweite Problem ergibt sich unmittelbar aus diesem ersten Problem: Weniger wohlhabende Menschen und insbesondere arme Menschen haben kaum Chancen, eine eigene und gleichzeitig in ihrer Gesellschaft anerkannte Vorstellung vom gelingenden Leben zu realisieren. Ihnen fehlt dafür einfach das nötige Geld. Sie sehen sich sogar ständig mit der gesellschaftlichen Sicht konfrontiert, dass sie ein uninteressantes und armseliges Leben führen. Natürlich lässt sich einwenden, dass sie sich ja von diesem gesellschaftlichen Druck frei machen, ganz autonom leben und sich vielleicht einer Subkultur anschließen könnten, die sich gegen den Mainstream abgrenzt. Das machen natürlich auch viele Menschen. Doch löst das das Gerechtigkeitsproblem nicht. Zumal nicht von jedem Menschen erwartet werden kann, so immens viel Kraft aufzubringen, um sich gegen den Mainstream zu stemmen.

Verschärft wird diese Problematik noch in Marktgesellschaften, in denen viele soziale Interaktionen marktbasiert sind. Dort kontrollieren reiche Akteure wie gesagt fast den gesamten Interaktionsraum. Sie haben also nicht nur deutlich mehr ökonomische Macht als andere Menschen und haben nicht nur deutlich mehr politische Macht als andere Menschen, sondern darüber hinaus auch deutlich mehr soziale Macht als andere Menschen. Sie können die zentralen ökonomischen, politischen und sozialen Institutionen nach ihren Vorstellungen vom gelingenden Leben gestalten. Und genau das ist es, was ihren Reichtum aus Gerechtigkeitsperspektive auf fundamentale Weise zu einem

Problem macht. Denn diese vielfältige und wegen des Ausmaßes des Reichtums mitunter sehr große Macht widerspricht dem Grundgedanken liberaler Gesellschaften, dass alle Menschen gleich sind. Kurz: Großer Geldreichtum steht der gleichen Würde aller Menschen entgegen.

4. Ist Reichtum verdient?

Wenn Reichtum zu großen ökonomischen, politischen und sozialen Machtungleichgewichten führt, dann stellt er ein schweres Gerechtigkeitsproblem dar. Er gefährdet das Zusammenleben in Würde.

Man könnte dieses Problem eigentlich leicht lösen, indem man Reichtum oder zumindest exzessiven Reichtum einfach verbietet. Dagegen wird jedoch oft eingewendet, dass die Reichen ihren Reichtum im Wortsinn verdient hätten und man ihnen diesen nicht einfach so wegnehmen könne, denn das würde einem staatlich organisierten Diebstahl gleichkommen. So argumentieren zumindest libertäre Denker wie Robert Nozick (1974/2011).

Ich glaube nicht, dass das stimmt. Die Reichen haben ihren Reichtum in dieser Form nicht verdient. Denn er geht nie nur auf Leistung, sondern immer auch auf unverdiente Talente und auf bloßes Glück zurück, wie ich am Beispiel der Erbschaften zeigen werde. Deswegen sollte man sich auf seinen Reichtum auch nicht allzu viel einbilden. Es ist genau anders herum: Erst durch eine Beschränkung des Reichtums wird es möglich, dass sich Leistung wieder lohnt und die Menschen auf ihre eigenen Verdienste stolz sein können, wie wir im letzten Abschnitt dieses Kapitels sehen werden.

Sollte sich also tatsächlich zeigen, dass Reichtum niemals verdient ist, dann würde das eine wichtige normative Konsequenz haben. Reichtum dürfte dann nämlich eingeschränkt werden, um die Würde anderer zu schützen. Wenn es dem Klimaschutz dient, wenn es dabei hilft, Menschen aus ihrer Armut zu befreien, wenn es die Demokratie befördert und für mehr Lohngerechtigkeit sorgt, dann steht einer Einschränkung unverdienten Reichtums zumindest auf prinzipieller Ebene nichts im Wege. Es könnte sich höchstens erweisen, dass diese Idee praktisch undurchführbar ist, weil wir politisch schon längst Sklaven des Reichtums geworden sind. Doch dann wüssten wir immerhin, wo wir stehen.

An dieser Stelle muss ein mögliches Missverständnis ausgeräumt werden: Eine Beschränkung von Reichtum unterläuft nicht das Recht auf Privateigentum. Solch eine Beschränkung ist keine sozialistische Maßnahme, sie ist vielmehr problemlos mit einer freien Marktwirtschaft vereinbar. Vielleicht ist sie sogar eine Voraussetzung für diese. Denn unterhalb der Grenze, ab der jemand reich ist, haben alle Menschen ein Recht auf Privateigentum. Ohne die Auswüchse exzessiven Reichtums hätten schließlich mehr Menschen eine Chance darauf, dieses Recht in Anspruch nehmen zu können. Es verhält sich ähnlich wie mit dem Recht auf Meinungsfreiheit: Auch dieses Recht wird nicht durch ein Verbot von Hate Speech und Beleidigung unterlaufen. Durch das Verbot wird das Recht auf Meinungsfreiheit vielmehr davor geschützt, von innen ausgehöhlt zu werden.

Talent und Leistung

Die klassische Verteidigung von Reichtum beruht darauf, dass sich zumindest einige Menschen ihren Reichtum hart erarbeitet und ihn deswegen auch verdient haben. Sie sind zu Recht stolz auf ihre Leistung und haben einen legitimen Anspruch darauf, ihren Reichtum zu genießen.

Doch viele Menschen haben ihren Reichtum nicht selbst erarbeitet, sondern geerbt. Sollten sie ihren Reichtum jedoch direkt oder über mehrere Generationen von Menschen geerbt haben, die ihn sich selbst hart erarbeitet haben, können sie ebenfalls einen Anspruch auf diesen Reichtum anmelden, so das Argument weiter. Denn es ist ein Teil davon, die Früchte der eigenen Arbeit zu genießen, sie weitergeben zu dürfen. Wer sich seinen Reichtum erarbeitet hat, der darf ihn auch vererben.

Dieses klassische Argument zur Verteidigung von Reichtum verbindet zwei Ideen miteinander. Erstens ist da der Leistungsgedanke: Zumindest einige Menschen haben sich ihren Reichtum durch eigene Leistung erarbeitet. Zweitens ist da der Anspruch auf freie Verfügung, demzufolge Menschen mit ihrem Reichtum machen können, was immer sie wollen. Ich halte beide Ansätze für verfehlt.

Haben Menschen also ihren Reichtum verdient, wenn er auf eigener Leistung beruht? Man könnte diesen angeblichen Anspruch auf Reichtum leicht zurückweisen, indem man auf die schädlichen Konsequenzen von Reichtum hinweist. Sollte Reichtum tatsächlich ein zentrales Problem für ein Zusammenleben in Würde darstellen, könnte man keinen Anspruch auf Reichtum haben. Meiner Meinung nach ist dieses Argument richtig. Das Zusammenleben in Würde ist für eine stabile und gerechte Gesellschaft von zentraler Bedeutung.

Wäre es dann allerdings auch richtig, dass man den Reichen ihren eigentlich verdienten Reichtum deswegen wegnimmt, weil das für die Gesellschaft insgesamt wichtig ist und die Reichen dafür bestimmte Einschränkungen hinnehmen müssen? Nein, ich bin vielmehr der Meinung, dass die Reichen ihren Reichtum nie verdient haben. Denn Reichtum beruht niemals ausschließlich auf eigener Leistung. Zwar trifft es zu, dass manche Menschen mehr leisten als andere. Auch muss sich Leistung lohnen. Wer mehr leistet, soll also durchaus mehr bekommen. Dieses Leistungsprinzip stellt fraglos eine wichtige Säule wirtschaftlich erfolgreicher Gesellschaften dar. Denn wenn sich Leistung nicht mehr lohnen sollte, dann sind die Menschen auch nicht mehr hinreichend motiviert, sich wirtschaftlich ins Zeug zu legen und zum Wohlstand ihrer Gesellschaft beizutragen. Hier allein auf Wohlwollen und Solidarität zu setzen, ohne das Leistungsprinzip voranzustellen, wäre weltfremd.

Doch hat das alles mit Reichtum nichts zu tun. Denn Reichtum beruht nicht auf Leistung. Im Gegenteil: Der zunehmende Reichtum einiger reicher und sogar superreicher Menschen unterläuft das Leistungsprinzip und trägt dazu bei, dass sich Leistung nicht mehr lohnt. Denn die Reichen haben oft hundertmal mehr Geld als sehr viele andere Menschen, die tatsächlich sehr wichtige und harte Arbeit leisten. Doch die Reichen leisten sicher nicht hundertmal so viel. Man muss nur an die vielen Handwerkerinnen, Feuerwehrleute, Kindergärtner, Polizistinnen und Pfleger denken, die mit ihrer Arbeit niemals reich werden. Das unterläuft klarerweise die Grundidee des Leistungsprinzips.

Doch warum haben die Reichen ihren Reichtum nicht verdient? Die Antwort lautet, dass immer Faktoren im Spiel sind, die nichts mit ihrer Leistung zu tun haben, für die sie nicht verantwortlich sind, sondern die zufällig hinzukommen. Reichtum ist stets auch Glückssache, wie bereits John Rawls (1971/1979) in seiner Theorie der Gerechtigkeit gezeigt hat. Es gibt drei Formen des Glücks, die zu Reichtum beitragen:

1. auf Talenten beruhendes persönliches Glück,
2. auf Institutionen beruhendes strukturelles Glück und
3. auf Beziehungen beruhendes soziales Glück

1. Persönliches Glück ist im Zusammenhang mit Reichtum beispielsweise dann im Spiel, wenn angeborene Schönheit oder sportliche und musikalische Fähigkeiten dazu beitragen, dass jemand reich wird. Um als Künstler oder Sportlerin wirklich reich zu werden, ist natürlich auch harte Arbeit gefragt. Doch ziemlich viele Künstlerinnen und Sportler sind nicht deshalb so gut, weil sie entsprechend hart arbeiten. Reich werden nur diejenigen, die darüber hinaus auch noch besondere angeborene Talente besitzen. Diese Talente sind jedoch natürlich nicht verdient, sondern Glückssache. Menschen mit besonderen Talenten haben in der genetischen Lebenslotterie Glück gehabt. Ihr Reichtum ist also nicht verdient, sondern geht auch auf diese glücklichen Umstände zurück.

2. Trägt strukturelles Glück zu Reichtum bei, hat das oft mit der Beschaffenheit von Staaten, aber auch Märkten und wirtschaftlichen Prozessen zu tun. Facebook beispielsweise macht seine Eigentümer und Topmanager deshalb reich, weil es auf einem quasi-natürlichen Monopol beruht. User wollen diejenige Plattform nutzen, auf der sich schon viele andere User befinden. Durch diesen Mechanismus haben alle Konkurrenzangebote einen großen Nachteil. Selbst bei Mobiltelefonen gilt ein ähnlicher Mechanismus. Da Mobiltelefone nicht nur technische Hilfsmittel, sondern auch

Statussymbole sind, können sich einige wenige sehr prestigereiche Anbieter leicht von der Konkurrenz absetzen. Das Wirtschaftssystem ist voll von solchen Strukturen, die Reichtum begünstigen, jedoch nicht auf die Verdienste irgendwelcher Akteure zurückgehen.

3. Für auf Beziehungen beruhendes soziales Glück gilt im Grunde dasselbe. Vor allem Erbschaften verhelfen einigen Menschen zu großem Reichtum, während andere leer ausgehen. Weil diese Glücksquelle für Reichtum besonders verbreitet ist, handelt der nächste Abschnitt davon.

Erbschaften und Glück

In Deutschland und Österreich nehmen Zahl und Umfang von Erbschaften stetig zu, weil immer mehr Mitglieder der Nachkriegsgeneration ihren erwirtschafteten Wohlstand oder Reichtum an die kommenden Generationen weitergeben. Damit gleichen sich diese Länder denjenigen an, die von der Wohlstandsvernichtung des Zweiten Weltkrieges nicht so stark betroffen waren, wie beispielsweise die Schweiz.

Erbschaften haben einen erheblichen Einfluss darauf, über welche Lebenschancen ein Mensch verfügt. Daher ist es ein Problem, dass sie sowohl unverdient als auch ungleich verteilt sind. Das zeigt ein einfaches Beispiel. Stellen wir uns zwei vierköpfige Familien mit einem etwa gleich hohen mittleren Einkommen vor. Die erste Familie, nennen wir sie Familie Marx, erbt nichts. Sie will gerne in einer großen Stadt eine Eigentumswohnung erwerben, kann sich diese aber nicht leisten, weil es ihr an Startkapital fehlt.

Eine zweite Familie, nennen wir sie Engels, hat hingegen zwei Häuser auf dem Land geerbt.

Das reicht gut für eine bequeme Eigentumswohnung in der Stadt. Es ist nicht nur so, dass Familie Engels aufgrund der Erbschaft so leben kann, wie sie will. Sie hat darüber hinaus auch andere finanzielle Vorteile, weil sie weder Miete zahlen, noch sich um die Altersvorsorge besondere Gedanken machen muss. Es kann also gut sein, dass sie am Ende trotz desselben Einkommens über die doppelte Kaufkraft wie Familie Marx verfügt. Familie Engels kann es sich gutgehen lassen, während Familie Marx streng haushalten muss.

Entscheidend ist hier natürlich, dass die Familie Engels ihren relativen Wohlstand nicht verdient hat. Deren Reichtum hängt vollständig davon ab, ob deren Eltern bestimmte Ersparnisse haben, die sie als Erbe weitergeben. Es erscheint offensichtlich ungerecht, dass die Ergreifung der eigenen Lebenschancen davon abhängt, ob man ein Erbe zu erwarten hat oder nicht. Und natürlich unterlaufen Erbschaften das Leistungsprinzip. Die Eheleute der Familie Marx arbeiten genauso hart wie die der Familie Engels, vielleicht sogar noch härter. Dennoch können sie sich ihren Lebenstraum nicht erfüllen, während dies für Engels kein Problem darstellt. Ihre harte Arbeit lohnt sich nicht, so könnten die Marxens denken.

Dieses Problem potenziert sich, je größer bestimmte Erbschaften ausfallen und je mehr Lebenschancen von ihnen abhängen. Wenn Menschen aufgrund von Erbschaften auf besonders gute Schulen und Universitäten gehen können, wenn der Einstieg in bestimmte prestigereiche Berufe über Praktika oder andere schlecht bezahlte Anfangsphasen läuft, dann können Erben hier erhebliche Vorteile verzeichnen. Es deutet sich bereits heute an, wie Jens Beckert (2013) darlegt, dass in Zukunft ein Großteil des zunehmend konzentrierten Reichtums vererbt und es eine neue Erbenklasse geben wird, die ohne besondere Anstrengung in die Eliten von Wirtschaft, Politik, Kultur und Wissenschaft aufsteigen kann. Das erinnert an Strukturen aus feudalistischen Gesellschaften.

Zur Verteidigung der Institution Erbschaft werden vor allem zwei Gründe angeführt:

Erstens beinhaltet das Recht auf Privatbesitz auch, dass man mit seinem Geld machen kann, was immer man will. Man kann es also auch verschenken oder vererben.

Zweitens besteht für viele Menschen ein wichtiges Lebensziel darin, ihren Kindern ein besseres Leben zu ermöglichen, indem sie sparen und diese Ersparnisse dann an ihre Kinder weitervererben.

Beide Punkte scheinen einleuchtend zu sein. Zu einem Problem werden sie erst dann, wenn jeder der beiden Punkte unbegrenzt gelten soll. Denn dann führen Erbschaften tatsächlich zu einer zunehmenden Ungleichheit.

Eine Lösung könnte darin bestehen, Erbschaften zu beschränken. Bis zu einem gewissen Betrag, der demokratisch zu bestimmen ist, könnten sie steuerfrei oder so gut wie steuerfrei sein. Erst dann, wenn sie höher als der Grenzbetrag ausfallen, sollten sie stark oder sogar vollständig besteuert werden.

Auf diese Weise sollte es möglich sein, Familienwerte und die Freiheit des Privateigentums aufrechtzuerhalten und dennoch die massiv ungleichen bzw. inegalitären Effekte von Erbschaften einzuschränken.

Diese Regelung hat übrigens einen weiteren Vorteil: Wenn jemand viel Geld und Besitz zu vererben hat, jedoch nicht möchte, dass dieser Reichtum dem Staat zukommt, kann er sein Geld einfach an viele verschiedene Menschen vererben. Sobald die Beträge klein genug sind, fallen keine oder kaum Steuern an. Auf diese Weise würde verhindert, dass der Staat das Erbschaftsrecht auf problematische Weise als Eigentumsquelle missbrauchen könnte. Gleichzeitig wird für Chancengleichheit gesorgt.

Geld und Verdienst

Auch weil Reichtum nie nur auf eigener Leistung, sondern immer auch auf Glück beruht, ist er nie vollständig verdient. Dabei bleibt vor allem ein Problem virulent. Das sieht man daran, wie wir mit Verdiensten im Sport umgehen. Dort begegnet man häufiger der Aussage, dass eine Schwimmerin oder eine Tennisspielerin ihren Sieg deshalb verdient habe, weil sie die bessere Sportlerin sei. Auch hier hängt der Verdienst also von der Leistung ab. Allerdings werden die Fähigkeiten einer Sportlerin als ihre Leistung angesehen. Streng genommen stimmt das natürlich nur zum Teil. Die Fähigkeiten einer Sportlerin hängen von solchen Faktoren wie ihrem Training und ihrer mentalen Stärke, jedoch auch von angeborenen Talenten und strukturellen Bedingungen wie Betreuung und materielle Ausstattung ab – zum einen Teil also ebenfalls von glücklichen Zufällen. Beispielsweise sind Sportlerinnen aus reichen Ländern oft auch deswegen besser als ihre Konkurrentinnen, weil mehr Geld in ihr Training investiert wurde. Dies ist jedoch nicht Teil ihrer Leistung, sondern stellt einen externen Glücksfaktor dar. Dennoch wird beim Sport über diese Tatsache hinweggesehen. Wenn eine Sportlerin gut ist, dann wird ihr das als Leistung zugeschrieben: Siege gelten immer als verdient. Ähnlich ist das auch bei Künstlern. Selbst in der Wissenschaft wird beispielsweise davon abgesehen, welchen Einfluss das Elternhaus auf die intellektuelle Entwicklung der Kinder hat: Eine Wissenschaftlerin ist gut aufgrund ihrer effektiven Leistung, und nur aus diesem Grund sind Preise und Ehrungen auch verdient.

Gerade das Beispiel der Wissenschaftlerin zeigt aber, wie heikel ein solches Denken ist. Sollte sich tatsächlich herausstellen, dass das Elternhaus einen erheblichen Einfluss darauf hat, ob jemand Wissenschaftlerin werden kann oder nicht, wird das vielen Menschen ungerecht erscheinen. Sollte sich allerdings herausstellen, dass es vor allem angeborene kognitive Fähigkeiten sind, die über Erfolg und Misserfolg entscheiden, würden diese Tatsache viele Menschen akzeptieren. Hier scheint also ein Unterschied zwischen sozialem und institutionellem Glück auf der einen Seite und persönlichem Glück auf der anderen Seite zu bestehen. Ein Grund für diese Diskrepanz könnte darin liegen, dass sich soziales und institutionelles Glück politisch gut beeinflussen lassen, persönliches Glück hingegen nicht. Dazu wären Maßnahmen nötig, die mit liberalen Grundrechten nicht vereinbar sind. Da persönliches Glück auf Talenten und anderen psychischen und physischen Eigenschaften beruht, ist es unmittelbar ein Teil der eigenen Persönlichkeit. Dies ausgleichen zu wollen, würde unmittelbar in die Persönlichkeitsrechte der Menschen eingreifen.

Außerdem beruhen wesentliche Lebenspläne vieler Menschen auf ihren Talenten und Eigenschaften. Diese Menschen versuchen sich weiterzuentwickeln und besser zu werden. Ihre besonderen Talente und nützlichen Eigenschaften sind daher wesentlich für das, was ihr Leben in ihren Augen jeweils gut macht. Ein Eingriff von außen würde das Leben sehr vieler Menschen vermutlich schlechter machen und vielleicht sogar verhindern, dass diese Menschen überhaupt ein gutes Leben führen können.

Bis zu einem gewissen Grad gilt das auch für soziales und institutionelles Glück. Menschen leben innerhalb der ihnen gegebenen Strukturen und richten ihre Lebenspläne entsprechend aus. Eine radikale Veränderung der sozialen Strukturen würde diese Lebenspläne also radikal verändern, vielleicht sogar zunichtemachen. Die oben bereits diskutierte Problematik um Erbschaften liefert dafür ein gutes Beispiel: Es kann für die Lebenspläne von Menschen durchaus wichtig sein, ihren Nachkommen ein möglichst hohes Erbe zu hinterlassen. Dennoch lässt sich auf diese Weise großer Geldreichtum nicht rechtfertigen.

Denn das eigentliche Problem besteht ja nicht in dem Glück selbst. Sollten manche Menschen in bestimmten Hinsichten persönliches, soziales oder institutionelles Glück haben, so wird dies nur dann zu einem Problem, wenn es zu Ungerechtigkeiten führt. Auf Glück beruhender Geldreichtum stellt solch eine Ungerechtigkeit dar, weil mit Geld zugleich auch Macht und Status und damit die sehr unterschiedlichen Chancen, die eigenen Lebenspläne umzusetzen, einhergehen.

Nicht das Lebensglück, sondern die Konsequenzen, die sich aus übermäßigem Reichtum ergeben, müssen also verhindert werden. Menschen hätten ohne Reichtum dann immer noch unterschiedliche Talente und ihre mehr oder weniger guten sozialen Netzwerke. Ihnen würde es natürlich unterschiedlich leichtfallen, sich in den gesellschaftlichen Institutionen zurechtzufinden. Diese Unterschiede haben jedoch nicht mehr so ausschließende, starke Effekte. Man könnte sogar sagen, dass sie sich nur noch spielerisch auswirken (Neuhäuser 2018).

In solch einer Gesellschaft würden Menschen mit Talenten möglicherweise etwas mehr als andere Menschen verdienen, weil der Markt sie eben für die Nutzung ihrer besonderen Talente auch besonders belohnt. Doch sie würden in keinem Fall exorbitant reich werden. Wenn sich Glück in diesem Sinne nur noch spielerisch auswirkt, dann verliert es auf doppelte Weise seinen Stachel, der den gesellschaftlichen Zusammenhalt andernfalls vergiften würde. Menschen mit Glück hätten vermutlich keine so starke Neigung mehr dazu, gierig, Menschen ohne Glück wiederum keine so starke Neigung, neidisch zu werden. Diese beiden Zusammenhänge sind das Thema des nächsten Kapitels.

5. Geht es bei der Kritik am Reichtum um Gier und Neid?

Wenn es um die Kritik oder die Verteidigung von Reichtum geht, dann sind zwei Vorwürfe schnell bei der Hand. Die Reichen sind gierig, sagen die Kritikerinnen. Denn sie zerstören den Zusammenhalt in der Gesellschaft. Nein, es ist genau umgekehrt, sagen die Verteidiger. Die Kritiker von Reichtum sind bloß neidisch. Damit zerstören sie den sozialen Frieden.

Natürlich stellt sich die Frage, wer denn nun richtig liegt, die Kritikerinnen oder die Verteidiger des Reichtums. Ich möchte in diesem Kapitel für eine Position argumentieren, die eigentlich offensichtlich sein sollte, aber im öffentlichen Diskurs schnell beiseitegeschoben wird. Gier und Neid treten gemeinsam und zeitgleich auf, bedingen einander sogar. Ziel sollte also sein, beide durch einen bestimmten Sinn für Gerechtigkeit zu ersetzen, wie schon Ronald Dworkin (2014) vorgeschlagen hat.

Vorwürfe von Gier und Neid werden jedoch oft dafür genutzt, um von dem eigentlichen Problem abzulenken. Eigentlich geht es nämlich nicht um die moralische Haltung einzelner Menschen, sondern um eine strukturelle Orientierung an Reichtum. Wir alle halten eine Kultur der Gier und des Neides gemeinsam am Leben. Eine Kritik von Gier und Neid kann diese Zusammenhänge aufzeigen. Von einzelnen Menschen zu verlangen, einfach weniger gierig oder weniger neidisch zu sein, kann diese Kultur jedoch nicht durchbrechen. Stattdessen bedarf es einer kollektiven Orientierung an Gerechtigkeit und eines aufrichtigen Diskurses. Letztlich muss man also jede Konzentration auf Neid und Gier überwinden und an Stelle dessen auf strukturelle Hindernisse, die sich einer Kultur der Gerechtigkeit entgegenstellen, schauen.

Im Folgenden werde ich in diesem Zusammenhang untersuchen, was mit dem Neidvorwurf gemeint ist, und zeigen, dass dieser Vorwurf häufig, jedoch nicht immer ideologisch fundiert ist. In einem zweiten Abschnitt werde ich verdeutlichen, dass die scheinbar individuelle Gier der Reichen nur Ausdruck einer kollektiven oder gesellschaftlichen Gier ist. Der dritte Abschnitt demonstriert, wie wichtig es wäre, sich stärker um die Notwendigkeit einer kollektiven Orientierung an Gerechtigkeit zu bemühen.

Neid und Ideologie

Eine Person ist dem üblichen Verständnis nach dann neidisch, wenn sie nur etwas aus dem Grund haben will, weil eine andere Person das auch hat. Neid auf den Reichtum anderer bedeutet dann, nur deshalb reich sein zu wollen, weil andere reich sind. Oft vermutet man von neidischen Menschen, dass sie hoffen, dass andere wenigstens das Objekt ihres Reichtums verlieren, wenn sie selbst nichts Entsprechendes ihr Eigen nennen können. Dies mag ein sehr häufiges Merkmal von Neid sein, notwendig für das übliche Verständnis ist es aber nicht.

Interessant an dieser verbreiteten Auffassung von Neid ist dabei jedoch ein anderer Punkt. Es ist nämlich alles andere als klar, was es eigentlich bedeuten soll, dass man etwas nur aus dem Grund haben will, weil eine andere

Person es hat. Stellen wir uns vor, eine junge und gut ausgebildete Frau arbeitet in einer Bank. Sie erfährt eines Tages, dass ein junger Mann mit der gleichen Ausbildung für den gleichen Job deutlich mehr Gehalt bekommt. Natürlich möchte sie auch dieses höhere Gehalt haben. Es wäre dann völlig korrekt zu behaupten, dass sie dieses höhere Gehalt deswegen auch bekommen will, weil ihr männlicher Kollege es bekommt. Dabei kann sie aber auch zusätzliche Gründe dafür anführen, warum sie dieses höhere Gehalt bekommen sollte. Sie findet es nämlich gerecht, wenn Männer und Frauen für dieselbe Arbeit auch dasselbe Gehalt bekommen. Ihr wahrer Grund ist also nicht Neid, sondern eine bestimmte Vorstellung von Gerechtigkeit.

Man muss also vorsichtig sein, will man jemandem ernsthaft vorwerfen, dass er neidisch ist. Oft sind es andere Gründe als purer Neid, die Menschen dazu bringen, das haben zu wollen, was andere haben. Ein weiteres Beispiel: Die junge Frau besucht eine gute Freundin in ihrer Wohnung. Dort sieht sie wunderschöne Möbel aus teurem Holz, die sie sehr bewundert. Auf dem Weg nach Hause überlegt sie, dass sie auch gern solche Möbel haben möchte. Die sind jedoch sehr teuer. Aus diesem Grund beschließt sie, sich für eine Gehaltserhöhung einzusetzen. Auch hier gilt wieder, dass die junge Frau die Möbel irgendwie auch deswegen haben will, weil ihre Freundin diese Möbel besitzt. Ohne den Besuch bei ihr wäre sie gar nicht auf den Gedanken gekommen, eine Gehaltserhöhung zu fordern. Dennoch liegt auch hier kein Neid vor: Der wahre Grund dafür, dass sie diese Möbel möchte, besteht ja darin, dass sie diese wunderschön findet.

Neidisch ist man also ausschließlich dann, wenn man die Dinge der anderen nur aus dem Grund haben möchte, weil diese anderen sie haben, und man keine anderen guten Gründe anführen kann. Solche guten Gründe können beispielsweise auf Argumenten in Bezug auf Gerechtigkeit oder Schönheit oder Nützlichkeit beruhen. Wenn man schöne Dinge haben möchte, dann nicht aus Neid, sondern weil man ihre Schönheit genießen möchte. Glaubt man, einen gerechten Anspruch auf etwas zu haben, geht es ebenfalls nicht um Neid, sondern um die Durchsetzung des eigenen Sinns für Gerechtigkeit. Es kann natürlich sein, dass man sich in seiner Vorstellung von Gerechtigkeit täuscht. Und schließlich hat man keinen Anspruch auf schöne Dinge einfach nur deshalb, weil man sie gerade schön findet.

Der entscheidende Punkt ist jedoch, dass man den Wunsch nach bestimmten Gütern in diesen Fällen nicht einfach mit dem Vorwurf, die Person sei neidisch, abtun kann. Stattdessen muss man sich mit der Frage auseinandersetzen, ob Menschen gerechtfertigte Ansprüche haben oder nicht. Die Tatsachen, dass Arbeit ungleich bezahlt wird oder dass schöne Dinge ungleich verteilt sind, bieten hinreichende Gründe dafür, um zu fragen, ob das so in Ordnung ist oder nicht. Sollte diese Nachfrage sofort damit abgeschmettert werden, dass es sich bei ihnen bloß um Neid handele, wird der Anspruch auf eine Rechtfertigung geleugnet. Sollte das systematisch geschehen, würde das den Eindruck provozieren, der Vorwurf, neidisch zu sein, werde ideologisch verwendet.

Was ist aber Ideologie genau? Ein verbreitetes schwaches Verständnis setzt Ideologie mit Weltanschauung gleich. Unter dieser Voraussetzung würde jede Gruppe von Menschen mit einer bestimmten Weltanschauung auch eine Ideologie haben. Hier geht es jedoch um einen kritischen Ideologiebegriff: Ideologie in diesem Sinne meint, Terry Eagleton (2000) zufolge, dass ein Theoriegebäude deshalb errichtet und dogmatisch vertreten wird, um weitere Reflexionen und kritische Nachfragen zu verhindern. Ein Staatssozialismus wie der der DDR ist in diesem Sinne ideologisch.

Der Vorwurf, neidisch zu sein, kann in diesem Sinne auch ideologisch geprägt sein, wenn es darum geht, kritische Nachfragen nach ungerechter Verteilung von Einkommen und Gütern abzuschmettern.

Ein weiterer Grund dafür, Reichtum grundsätzlich zu kritisieren, sollte hier noch erwähnt werden, da er mit Neid eigentlich nichts zu tun hat, obwohl dies häufig so dargestellt wird. Dieser bezieht sich auf den sozialen Status, der mit materiellen Gütern einhergeht. Die Grundidee liberaler und humaner Gesellschaften besteht nicht nur darin, dass alle Menschen die gleichen basalen Rechte haben, sondern vielmehr darin, dass alle Menschen fundamental gleich sind. Das schließt nicht unbedingt den absolut gleichen, jedoch einen ungefähr gleichen sozialen Status ein. Nicht nur als abstrakte Personen mit formalen Rechten, sondern auch als soziale Wesen mit persönlichen Lebensgeschichten sind wir gleich.

Das kommt in der großen Idee der gleichen Würde aller Menschen zum Ausdruck. In gegenwärtigen, stark marktbasierten Gesellschaften wird diese gleiche Würde besonders über materielle Güter symbolisch kommuniziert. Es geht bei dieser statusbasierten Kritik an Reichtum also nicht um Neid, sondern um Würde. Zugleich unterläuft jedoch die Gier marktbasierter Gesellschaften eben diese Würde.

Individuelle und kollektive Gier

Während ich den Neidvorwurf für überzogen halte, scheint mir der Vorwurf, gierig zu sein, tatsächlich einen wichtigen Punkt zu treffen. Allerdings liegt das Problem nicht so sehr darin, dass einige individuelle Menschen besonders gierig sind und damit den sozialen Zusammenhalt zerstören. Vielmehr sind wir alle kollektiv gesehen zu gierig. Ich würde sogar behaupten, dass die Gier in die zentralen Institutionen der Gesellschaft und damit in ihre Struktur eingeschrieben ist. Wir sind gesamtgesellschaftlich zu gierig. Was ist damit gemeint? Um diese Frage zu beantworten, muss zuerst geklärt werden, was Gier eigentlich ist. Dann lässt sich besser verstehen, wie Institutionen und Strukturen gierig sein bzw. wie sie Gier befördern können.

Gier meint, dass jemand nicht genug bekommen kann. Giert jemand nach Anerkennung, kann er nicht genug davon bekommen. Wer also gierig nach Geld ist, der will immer mehr Geld haben. Doch ist das noch etwas zu allgemein gefasst. Denn derjenige, der nicht genug Frieden haben kann, ist ja noch lange nicht gierig. Dasselbe gilt für Menschen, die nicht genug Lebensfreude oder Gesundheit haben können. Es wäre seltsam, ihnen dafür Gier vorzuwerfen. Um jemand als gierig bezeichnen zu können, muss vielmehr hinzukommen, dass es unangemessen ist, immer mehr haben zu wollen. In Bezug auf Gesundheit wäre das beispielsweise niemals der Fall.

Doch wann und auf welche Weise ist es unangemessen, mehr zu wollen? Zwei Gründe sind hier anzuführen:

1. Das, was man bekommen will, ist ab einer gewissen Menge einfach schädlich. So ist es etwa bei Alkohol oder fettigem Essen. Gierig ist also dann derjenige, der die offensichtlich schädigenden Folgen von etwas missachtet.

2. Man muss oft auf indirekte Weise schädigende Dinge tun, um mehr von etwas zu bekommen. Wer seinen Erbonkel umbringt, um schnell an dessen Haus zu kommen, handelt aus Gier. Wer seine Freunde und Familie vernachlässigt, um Karriere zu machen, der handelt auch aus einer bestimmten Gier heraus, und zwar aus Gier nach beruflichem Erfolg.

Paradigmatische Fälle von Gier haben mit der Gier nach Geld und Reichtum zu tun. Der Vorwurf, gierig zu sein, wird dabei manchmal mit dem Hinweis zurückgewiesen, dass es doch nicht schädlich sei, mehr Geld zu haben und immer reicher zu werden. Geld ist nicht wie Alkohol und fettiges Essen. Das mag stimmen – oder auch nicht. Doch Gier nach immer mehr Geld kann auf jeden Fall indirekt schädlich sein, wie Emrys Westacott (2018) ausführlich darlegt. Sie kann nämlich zu Handlungen verleiten, die ungerechtfertigt, und sie kann von anderen Dingen ablenken, die vielleicht wichtiger sind. Wer seinen Erbonkel aus Gier umbringt, der handelt offensichtlich ungerecht. Wer seine Familie und Freunde vernachlässigt, um immer mehr Geld zu verdienen, der handelt vielleicht nicht ungerecht, aber doch unethisch, so könnte man meinen, da derjenige möglicherweise das verfehlt, um was es im Leben wirklich gehen sollte.

Viele Fälle von Gier sind ohne Frage problematisch. Doch die meisten Menschen sind meiner Ansicht nach nicht auf diese Weise gierig. Sie würden niemals jemanden für Geld umbringen. Ihre Familie und Freunde sind ihnen wichtig. Sie wollen vielleicht in Wohlstand leben, doch Gier nach Geld sticht nicht alle anderen wichtigen Erwägungen aus. Trotzdem wiegt der Vorwurf, gierig zu sein, in unserer Gesellschaft schwer. Der Grund dafür ist nicht so sehr das Vorhandensein einer individuellen, sondern vielmehr einer kollektiven bzw. strukturellen Gier. Damit ist gemeint, dass zwar nicht die individuellen Menschen auf problematische Weise, doch wichtige gesellschaftliche Institutionen gierig handeln, weil deren Gier in der Grundstruktur der Gesellschaft angelegt ist.

Ein gutes Beispiel dafür bieten solche Unternehmen, deren erklärtes Ziel darin besteht, ihren Profit zu maximieren. Alle anderen Ziele wie Umweltschutz, Arbeitsbedingungen, soziale Gerechtigkeit oder fairer Handel werden diesem einen Ziel der Profitmaximierung untergeordnet und sind ihm gegenüber zweitrangig, wenn nicht gar unwichtig. Genau das ist institutionell organisierte Gier. Lange hat man geglaubt, man würde die mit dieser Einstellung verbundenen Schädigungen durch spätere Umverteilung des von Unternehmen angehäuften Reichtums wieder ausgleichen können. Da die sozioökonomische Ungleichheit jedoch immer weiter zunimmt und die sozialen und ökologischen Schädigungen durch wirtschaftliches Handeln immer gravierender werden, funktioniert diese Ausrede inzwischen nicht mehr so gut.

Hinzu kommt, dass das Profitmotiv nicht mehr nur noch auf Unternehmen in klassischen Sektoren zutrifft. Es besteht ein wichtiger Unterschied zwischen sozialen Gesellschaften mit einer Marktwirtschaft und Marktgesellschaften. In sozialen Gesellschaften mit einer Marktwirtschaft werden das Profitmotiv und die damit verbundene Gier auf einen relativ kleinen gesellschaftlichen Bereich beschränkt. In Marktgesellschaften folgen immer mehr Institutionen direkt oder indirekt dem Ziel der unbedingten Profitmaximierung. Wir leben immer mehr in einem Verbund aus verschiedenen Marktgesellschaften. Selbst Krankenhäuser, Schulen und Kindergärten oder Kirchen arbeiten profitorientiert. Die meisten Universitäten und viele andere staatliche Institutionen sind zwar nicht direkt profitorientiert ausgerichtet, werden aber immer stärker danach bemessen, wie sehr ihre Tätigkeiten den profitorientierten Unternehmen nutzen. An Universitäten bekommen beispielsweise jene Fächer die meiste Aufmerksamkeit und Unterstützung, deren Forschungen sich am direktesten ökonomisch verwerten lassen. Sie erhöhen die Wettbewerbsfähigkeit eines Landes und seiner Unternehmen, heißt es.

Das Problem an dieser sehr einseitigen strukturellen Ausrichtung auf Reichtum besteht natürlich darin, dass andere wichtige Themen vernachlässigt bzw. dem Giermotiv untergeordnet werden. Erst kommt der Profit. Nur wenn der gesichert und am besten sogar maximiert worden ist, dann kommen die anderen Ziele. Bildung, Gesundheit, Umwelt, soziale Teilhabe: All diese Dinge sind dem Profit strukturell untergeordnet. Natürlich sind beispielsweise private Schulen und Krankenhäuser weiterhin gesetzlich dazu verpflichtet, für Bildung und Gesundheit zu sorgen. Doch besteht darin nicht mehr ihr erstes Ziel, sondern es handelt sich nur um eine äußere Pflicht. Aus diesem Grunde unterlaufen solche Institutionen ihre Verpflichtung auch, wo sie können, und versuchen Einfluss auf die gesetzlichen Vorgaben zu nehmen, um sich besser auf ihren Profit konzentrieren zu können. Letztlich diktiert die Gier, auch wenn sie verzweifelt ist.

Sinn für Gerechtigkeit

Nicht Neid, sondern Gier ist die gesellschaftlich gesehen besonders problematische Einstellung, wenn es um Reichtum geht. Das wird sichtbar, wenn man den Neidvorwurf und den Vorwurf, gierig zu sein, aus der Perspektive der Gerechtigkeit betrachtet. Zwar gibt es ganz fraglos auch neidische Menschen. Sie wollen das haben, was andere haben, und zwar einfach nur deswegen, weil eben die anderen es haben.

Doch so ist es in vielen Fällen gar nicht. Meistens wollen Menschen einfach nur schöne oder nützliche Dinge besitzen. Oder sie wollen eine gerechte Anerkennung für ihre Tätigkeiten und Leistungen erhalten. Wer dies vorschnell als bloßen Neid abtut, läuft ernsthaft Gefahr, ideologisch zu verhärten, weil legitime Ansprüche unter den Teppich gekehrt werden.

An Stelle dessen sollten wir viel lieber offen darüber diskutieren, wann der Anspruch auf die schönen Dinge des Lebens und der Wunsch nach der auch monetären Anerkennung von Leistung gerechtfertigt sind. Die Forderung nicht nur von Feministinnen nach gleichem Lohn für gleiche Arbeit etwa ist keine Frage des Neides, sondern der Gerechtigkeit.

Im Falle von Gier sieht es etwas anders aus. Zwar sind natürlich nicht alle und nicht einmal besonders viele Menschen gierig. Die meisten Menschen wollen nicht unbedingt reich werden. Sollte das Streben nach Reichtum mit anderen Zielen in ihrem Leben kollidieren, beispielsweise mit einem erfüllten Familienleben oder einer nachhaltigen Lebensweise, sind sie immer öfter dazu bereit, auf Reichtum um seiner selbst willen zu verzichten.

Der Unterschied zwischen Neid und Gier liegt jedoch vor allem darin, dass wir in einer Kultur der Gier, nicht aber in einer Neidkultur leben. Oder anders ausgedrückt: Die Grundstruktur unserer Gesellschaft ist in ihren Institutionen und Organisationen auf Gier eingestellt, nicht jedoch auf Neid. Man könnte höchstens sagen, dass sich Neid hier und da aus der Gierkultur ergibt. Deswegen ist auf dieser strukturellen Ebene der Vorwurf, gierig zu sein, angemessen, der Neidvorwurf hingegen ist es nicht.

Unternehmen, Behörden, Bildungseinrichtungen, Fernsehen und Werbung befördern auf unterschiedliche Weise diese Gier. Sie sind gleichzeitig darum bemüht, jede Form von Neid zu unterdrücken. Unternehmen beispielsweise versuchen zu verhindern, dass Mitarbeiterinnen wissen, was andere verdienen. Die herrschende Kulturindustrie will den Eindruck entstehen lassen, dass es immer an einem selbst liegt, reich oder arm zu sein.

Mit diesen Positionierungen verdrängen gesellschaftliche Institutionen auch legitime Gerechtigkeitsfragen. Welcher Verdienst ist denn gerecht? Welche Strukturen benachteiligen bestimmte gesellschaftliche Gruppen in ökonomischer Hinsicht? Können wir unseren gesamtgesellschaftlichen Wohlstand nicht besser nutzen, als wir es gerade tun?

Tatsächlich kann Reichtum aber auf verschiedene Weise ungerecht sein. Es ist wichtig, diese Ungerechtigkeiten direkt anzusprechen und sich nicht durch den Vorwurf, neidisch zu sein, irritieren oder abbringen zu lassen. Dies ist nur ein Ablenkungsmanöver, das von der eigentlichen Frage wegführen soll. Denn Gerechtigkeit ist ein wichtiger Wert. Gerechtigkeit oder das Empfinden, das zumindest im Prinzip alles halbwegs gerecht zugeht, ist aber auch ein ganz wichtiger Baustein einer stabilen und zivilisierten Gesellschaft. Sollten immer mehr Menschen den Eindruck bekommen, dass ihre Gesellschaft in ihrer Grundstruktur ungerecht ist, werden sie wohl kaum hinter ihr stehen. Sie werden nach Alternativen suchen. Und sollten sie ihre eigene Lage besonders kritisch einschätzen und zunehmend enttäuscht werden, können sie für populistische Tendenzen anfällig werden. Es steht also sehr viel auf dem Spiel. Es geht um nicht weniger als unsere zugleich freiheitliche und soziale Grundordnung.

Wann aber ist Reichtum ungerecht? Meiner Meinung nach ist das immer dann der Fall, wenn Reichtum zu grundsätzlichen Schädigungen von Strukturen und anderen Menschen führt. Sollten beispielsweise reiche Menschen anfangen, erheblichen Einfluss auf die Politik zu nehmen, schädigt das unmittelbar die für liberale Republiken zentrale Grundidee der politischen Gleichheit aller Staatsbürgerinnen. Je mehr Einfluss die Reichen nehmen, desto weniger demokratisch ist der Staat. Das gilt auch dann, wenn die Institutionen der Form nach selbst noch demokratisch sind. Glaubt man der Journalistin Jane Mayer (2016), so sind die USA aufgrund des großen politischen Einflusses der Reichen schon längst keine Demokratie mehr.

Oder anders ausgedrückt: Ein Nicht-Milliardär wird sich einen Wahlkampf als Präsidentschaftskandidat wohl kaum noch leisten können. Selbst in Europa müssen wir da sehr aufpassen. Es gibt auch andere Formen der unmittelbaren Schädigungen. So können reiche Menschen die Stabilität von Wirtschaften gefährden, etwa wenn sie eine Währung gezielt angreifen. Und sie können ihren weniger reichen Gegnern beispielsweise mit Anwälten und Privatdetektivinnen das Leben zur Hölle machen.

Wichtiger ist vielleicht, dass Reichtum davon ablenkt, wichtige Probleme in den Griff zu bekommen. Die gesellschaftliche Orientierung an Reichtum verhindert beispielsweise eine bessere Ausrichtung auf Nachhaltigkeit, weil der Druck, Reichtum zu erhöhen, eine möglichst schnell wachsende Wirtschaft erforderlich zu machen scheint. Auch Probleme der Armut und der Arbeitslosigkeit ließen sich viel besser bekämpfen, wenn die gesellschaftlichen Institutionen nicht damit beschäftigt wären, immer mehr Reichtum zu produzieren. Stattdessen könnte der Fokus darauf gelegt werden, wie alle Gesellschaftsmitglieder angemessen beteiligt werden und ihnen ein Weg in die Mitte der Gesellschaft eröffnet wird. Dann könnten wir in Würde zusammenleben.

Schließlich kann Reichtum einfach unfair sein. Wenn die eine Familie hart arbeiten muss, um sich den Traum von der Eigentumswohnung leisten zu können, die andere Familie sie jedoch einfach geschenkt bekommt, dann ist das unfair. Wenn manche Leute mit ihrer Arbeit reich werden können und andere für eigentlich ähnlich wertvolle und anstrengende Arbeit kaum Geld bekommen, dann ist das unfair. Ist der Job eines Managers gesamtgesellschaftlich betrachtet tatsächlich hundertmal wertvoller und anstrengender als der Job einer Pflegerin? Oder ist es nicht vielmehr so, dass der Manager schlicht und einfach mehr Macht hat und die gesellschaftlichen Institutionen vor allem darauf ausgerichtet sind, ihm seinen Reichtum zu verschaffen und zu erhalten?

Unter der Voraussetzung, dass Reichtum auf diese dreifache Weise ungerecht ist, stellt sich die Frage, wie wir mit diesem Reichtum umgehen sollten. Im nächsten und letzten Kapitel werde ich daher Argumente dafür liefern, dass wir Reichtum durch steuerliche Maßnahmen stark einschränken und besonders problematische Formen einfach verbieten sollten.

6. Was wäre ein gerechter Umgang mit Reichtum?

Reichtum ist nicht einfach nur gut. Zwar ist Reichtum auch nicht per se schlecht. Wer reich ist, lebt beispielsweise nicht notwendigerweise ein schlechtes Leben. Doch Reichtum kann durchaus, wie gezeigt wurde, auch gravierende negative Konsequenzen haben. Das liegt daran, dass mit Reichtum immer auch Macht und Status einhergeht. Beides kann politisch und sozial missbraucht werden. Negative Konsequenzen ergeben sich auch daraus, so hat sich gezeigt, dass die Gesellschaft als solche strukturell auf die Zunahme von Reichtum ausgerichtet ist. Statt sich um grundlegend wichtige Probleme wie Armut und Klimawandel zu kümmern, geht es auf gesellschaftlicher Ebene immer bloß um mehr Wirtschaftswachstum als Motor für eine Produktion von möglichst viel Reichtum.

Viele Menschen haben diese Zusammenhänge durchschaut, fühlen sich abgestoßen von der ihre Gesellschaft prägenden strukturellen Gier. Gleichzeitig wissen sie nicht, wie sie dieses Problem ändern könnten. Die Orientierung an Reichtum scheint sich einfach zu stark in die Tiefenstrukturen der Gesellschaft hineingefressen zu haben. Es gibt keine guten Vorschläge dazu, wie man das wieder loswird. Die Vorschläge aus der Wissenschaft und die wenigen praktischen Ansätze aus der Politik – wenn es solche denn überhaupt gibt bzw. sie ernsthaft verfolgt werden – wirken recht hilflos, mit Ausnahme der sehr eindrücklichen und persönlich gehaltenen Überlegungen von Didier Eribon (2016). Wenn die eigene Gesellschaft so ungerecht, so im Mark verfault zu sein scheint, werden selbst absurde Alternativangebote plötzlich attraktiv.

Deshalb reicht es nicht aus, einfach nur ein paar technische Verbesserungen beispielsweise im Steuersystem zu erwägen. Vielmehr müssen viele Veränderungen an solchen Steuerungselementen in eine größere Erzählung der Gerechtigkeit eingebunden sein, die Menschen begeistern kann und ihnen wieder Hoffnung gibt.

In diesem Schlusskapitel möchte ich deshalb einen Vorschlag für solch eine Erzählung in drei Schritten entwickeln. Erstens liefert die Idee der Menschenwürde den Rahmen für solch eine Perspektive der Gerechtigkeit. Zweitens lassen sich Steuerreformen und andere Steuerungselemente in den Dienst der Menschenwürde stellen. Drittens führt das zu der progressiven Vision eines globalen Wohlstandes für alle Menschen.

Gerechte Kooperation

Die Grundlage für eine stabile, faire und zukunftsfähige Gesellschaft besteht in der gerechten Organisation des Kooperationsprozesses innerhalb der Gesellschaft. Jedes Gesellschaftsmitglied muss die Möglichkeit haben, seinen oder ihren Teil zur Kooperation beizutragen. Ihre oder seine Bemühungen werden gleichermaßen geachtet.

Eine solche Kooperation hat Auswirkungen auf unser Verständnis von Würde. Es reicht nämlich nicht aus, allen Gesellschaftsmitgliedern die gleichen Rechte und den gleichen Rechtsschutz zukommen zu lassen, um ihre Würde zu wahren. Vielmehr müssen sie vor allem als gleichrangige

Gesellschaftsmitglieder angesehen und geachtet werden, wie Avishai Margalit (1998/2012), Martha Nussbaum (2010) und Ralf Stoecker (2019) meinen. Nur dann ist eine gerechte Kooperation unter grundsätzlich gleichen Menschen möglich, nur so würde das Grundversprechen der liberalen Idee eingelöst, dass alle Menschen gleich viel zählen.

Um die soziale und nicht nur die rechtliche Würde aller Menschen zu schützen, ist es daher notwendig, den Kooperationsprozess fair zu gestalten. Reichtum ist in diesem Zusammenhang ein großes Hemmnis, wie die vorherigen Kapitel gezeigt haben sollten. Die Orientierung an Reichtum behindert alle Menschen, sich in den Kooperationsprozess zu integrieren und sich aus Armut und Arbeitslosigkeit zu befreien. Sie verhindert auch, dass sich alle Gesellschaftsmitglieder als gleichermaßen am politischen Prozess beteiligte Bürgerinnen und Bürger verstehen. Und sie verhindert, dass Menschen für ihre kooperativen Leistungen auf angemessene Weise anerkannt werden.

Also muss es erlaubt sein, den Reichtum der Reichen und Superreichen einzuschränken und die Orientierung am Reichtum durch strukturelle Reformen abzubauen. Dies würde dem Schutz der persönlichen Würde aller Gesellschaftsmitglieder und dem Zusammenleben in Würde dienen.

Allerdings müssen diese politischen Maßnahmen so erfolgen, dass sie ihrerseits nicht würdeverletzend werden. Denn es ist für die Idee der Würde ja gerade von zentraler Bedeutung, dass sie nicht verletzt wird und Menschen nicht auf entwürdigende Weise instrumentalisiert werden dürfen.

Die Einschränkung von Reichtum und der strukturelle Umbau der Gesellschaft müssen also auf eine Weise stattfinden, die nicht selbst zu Entwürdigungen führt. Das gebietet einfach die Achtung der Würde aller Gesellschaftsmitglieder. Diese Forderung ist jedoch auch aus dem Grunde wichtig, weil sie bei vielen Mitgliedern der Gemeinschaft echtes Vertrauen in gerechte Kooperation schaffen würde. Sollte die Neuausrichtung jedoch auf der systematischen Demütigung einer Bevölkerungsgruppe beruhen, ist die Unternehmung von vornherein zum Scheitern verurteilt.

Wie ich im nächsten Abschnitt zeigen werde, lässt sich solch eine Neuausrichtung durch eine schrittweise Steuerreform ermöglichen, die über einen längeren Zeitraum hinweg Reichtum abbaut. Ein solches Vorgehen hätte den Vorteil, dass sich alle Menschen in ihrer Lebensplanung an die neuen Verhältnisse anpassen können. Bisher in ihrer Persönlichkeit durch die Orientierung an Reichtum nicht hinreichend geachtete Menschen können sich davon überzeugen, dass sich wirklich etwas ändert und die Kooperationsgemeinschaft sie zunehmend einbezieht. Allerdings zeigt sich hier auch ein kaum zu überwindendes politisches Problem: Sind gegenwärtige liberale Demokratien zu solch einer langfristigen Reformorientierung in der Lage? Müssen die Projekte der Politik nicht mit relativ kurzen Aufmerksamkeitsspannen rechnen, die einerseits von Wahlen, andererseits von der Logik der Berichterstattung der Medien gesteuert werden? Es werden nämlich anscheinend vor allem diejenigen Themen bearbeitet, die einen Stimmenzuwachs bei der nächsten Wahl versprechen und die von den Medien als besonders brisant und wichtig dargestellt werden. Eine langfristige Orientierung an einer grundlegenden Reform über Parteigrenzen hinweg ist vor diesem Hintergrund schwer vorstellbar.

Doch es gibt auch positive Beispiele, die in eine ähnliche Richtung deuten, beispielsweise die Umweltschutzbewegung. Zwar geht auch dabei die Entwicklung nur langsam (und vielleicht zu langsam) voran. Dennoch hat sich ein breiter Konsens in Bevölkerung und Politik herausgebildet, dass diese Reformen notwendig sind und vorangetrieben werden müssen. Das liegt meiner Ansicht nach daran, dass die meisten Menschen zu der Überzeugung gelangt sind, dass für die Stabilität und Gerechtigkeit der Gesellschaft die Umweltfrage von zentraler Bedeutung ist.

Wenn der Plan, Reichtum einzuhegen, also eine Chance haben soll, praktisch umgesetzt zu werden, bedarf es ebenfalls solch einer gesellschaftlichen Grundeinstellung. Menschen müssen zu der Überzeugung gelangen, dass die Beschränkung von Reichtum für die Stabilität und Gerechtigkeit von zentraler Bedeutung ist.

Im nächsten Abschnitt soll es folglich darum gehen, welche strukturellen Reformen von uns allen anvisiert werden sollten.

Reichtum steuern

Wie lässt es sich erreichen, dass die Gesellschaft nicht mehr singulär auf Reichtum ausgerichtet ist, sondern stattdessen auch andere wichtige moralische und politische Ziele in den Blick nimmt? Die einfachste Variante bestünde natürlich darin, Reichtum ab einer gewissen Höhe einfach zu verbieten. Durch eine kluge Einrichtung von Vermögens-

und Einkommenssteuer ließe sich erreichen, dass Menschen gar nicht zu reich werden können. Man könnte die Progression dieser Steuer bis zur politisch festgelegten Schwelle nur schwach ansteigen lassen, vielleicht sogar schwächer als jetzt. Ab der festgelegten Schwelle, ab der man als reich gilt, würde die Progression des Steuersatzes dann rasant ansteigen und am Ende sehr schnell bei 100 Prozent ankommen. Dann würde es sich nicht mehr lohnen, noch mehr Geld zu verdienen.

Das hätte den positiven Effekt, dass sich auch die wirtschaftlichen Strukturen verändern müssten. Es wären nicht mehr einige wenige Menschen, die einen Großteil der wirtschaftlichen Gewinne auf sich verteilen würden, sondern viel mehr Menschen bekämen davon etwas ab. Die soziale Schere würde sich wieder schließen. Arbeit würde sich für mehr Menschen wieder lohnen. Vermutlich würde die Bereitschaft, etwas für die Gemeinschaft zu tun, anwachsen, weil Menschen stärker davon überzeugt wären, an einem gemeinsamen Kooperationsprojekt beteiligt zu sein. Auf die Dauer gesehen würde dies bedeuten, dass entsprechende Ungerechtigkeiten bereits im System beseitigt werden, weil das Profitmotiv abgeschwächt würde.

Neben Einkommens- und Vermögenssteuer müssten auch Erbschafts- und Schenkungssteuer angepasst werden. Zwar könnte eine Vermögenssteuer allein verhindern, dass das Vermögen eines Menschen durch Erbschaften und Schenkungen die Grenze, ab der er als reich gilt, überschreitet. Dennoch ist eine zusätzliche Steuer nötig, um zu verhindern, dass sich eine Klasse von Rentiers ausbildet, die nicht am Kooperationsprozess beteiligt sind. Diese Menschen würden dann regelmäßig Geldbeträge erben oder geschenkt bekommen, die knapp unter der Grenze liegt, ab der man reich ist. Sie wären dann zwar nur wohlhabend, aber sie hätten nie irgendetwas dafür getan. Sollte diese Gruppe größer werden, könnte sie das für eine dynamische Gesellschaft wichtige Leistungsprinzip wieder unterwandern.

Schwieriger ist die Lage bei der Unternehmenssteuer. Einerseits sind Unternehmen der Ort, in dem reiche und superreiche Akteure ihren Reichtum erwerben und vermehren. Wie eingangs erwähnt, sind die meisten superreichen Akteure entweder Unternehmer oder Topmanager großer Unternehmen. Das spricht sehr dafür, Unternehmen stark zu besteuern, um ihnen den Zugang zu unverdientem und ungerechtem Reichtum zu versperren. Andererseits sind diese Unternehmen von zentraler Bedeutung, um die Wirtschaft insgesamt am Laufen zu halten und Wohlstand für die ganze Gesellschaft zu schöpfen. Bei nationalen Alleingängen besteht außerdem die Gefahr, dass Unternehmen ins unsolidarische Ausland abwandern und verbleibende Unternehmen an Konkurrenzfähigkeit verlieren.

Es scheint also zumindest zu Beginn keine gute Idee zu sein, Unternehmen stark zu besteuern. Nachdem die Einkommen und Vermögen sich deutlich gleichmäßiger verteilt haben werden, könnte sich das aber ändern. Denn dann könnte es durchaus der Fall sein, dass die Wirtschaft weniger stark auf große Unternehmen angewiesen ist und insbesondere die Drohung der Abwanderung an Biss verliert. Bis dahin müssen Unternehmen in ihrer Konkurrenzfähigkeit jedoch geschützt werden. Das ist allerdings nicht unproblematisch, denn reiche Menschen können die

Macht dieser Unternehmen nutzen, um auch eine stärkere Besteuerung von sehr hohen Einkommen, Vermögen und von Erbschaften zu verhindern.

Es ist sehr fraglich, ob eine Politik, die schädlich auswirkenden Reichtum verhindern will, gegen den Wiederstand von Unternehmern und Managern durchsetzbar ist. Was es dafür auf jeden Fall bräuchte, wäre eine solidarische soziale Bewegung, die sich massiv für den Abbau sozioökonomischer Ungleichheit einsetzt. Solch eine Bewegung müsste, um eine realistische politische Chance zu erhalten, mindestens dieselbe Dynamik entfalten wie in Deutschland beispielsweise die Frauenbewegung oder die Umweltbewegung (und selbst bei diesen ziemlich erfolgreichen Bewegungen ist noch nicht klar, ob sie am Ende wirklich Erfolg haben werden).

Wie steht es aber um die Chancen auf eine große soziale Bewegung für mehr sozioökonomische Gerechtigkeit, weniger Ungleichheit und weniger schädlichen Reichtum? Vermutlich nicht sonderlich gut. Nur wenn wir es schaffen, eine globale, regionale und lokale Solidarität zugleich zu stärken, kann solch eine Bewegung erfolgreich sein. Die Chancen dafür stehen schlecht. Doch es gibt auch Hoffnung.

Globaler Wohlstand

Unsere Welt ist im Prinzip eine Welt, in der es für jeden genug geben sollte. Wir haben auf globaler Ebene ein Wirtschaftssystem geschaffen, das jedem Menschen ein Leben in Wohlstand ermöglichen könnte. Wenn man das Weltsozialprodukt zu genau gleichen Teilen auf alle Menschen verteilen würde, dann bekäme jeder Mensch mehr als 10 000 Euro netto im Jahr. Das scheint für viele Menschen, etwa in Deutschland, nicht sehr viel zu sein. Ein großes und teures Auto beispielsweise kann man sich von diesem Betrag nicht kaufen. Auch viele Wohnungen in Deutschland sind so teuer, dass man sie sich dann nicht mehr leisten könnte. Allerdings würden sich die Preise für Güter des täglichen Gebrauchs deutlich verändern. Große Autos gäbe es dann eher nicht mehr, aber Wohnungen würden viel günstiger werden, weil die Kaufkraft der Menschen dies erzwingen würde. Es gäbe nicht mehr riesige Paläste für reiche, und Hütten für arme Menschen.

Tatsächlich würde sich die Lage sogar dramatisch verbessern. Wenn die Einkommen viel ausgeglichener wären, dann könnten sich tatsächlich alle Menschen auf der Welt alles leisten, was man für ein bequemes Leben benötigt. Sie hätten zudem genug Geld, um sich auch zusätzliche Dinge des eigenen Interesses leisten zu können. Und in einer solchen Welt müssten natürlich nicht alle Menschen gleich viel bekommen. Wer arbeitet, sollte auch mehr Einkommen haben. Wer eine harte und verantwortungsvolle Arbeit hat, sollte mehr verdienen. Arbeitsmärkte können weiterhin steuern, für welche Jobs deshalb mehr Geld bezahlt wird, weil die damit verbundenen Dienstleistungen und Güter stark nachgefragt werden. All diese Mechanismen bleiben unberührt. Tatsächlich würden sie durch ein Verbot schädlichen Reichtums sogar gestärkt werden.

Denn Arbeit, auch harte Arbeit, würde sich wieder lohnen. Vor allem aber besteht eine realistische Chance, dass die Solidarität unter den Menschen wieder zunimmt, weil der Statuswettbewerb und Konkurrenzkampf abnimmt. Der wirtschaftlichen Kooperation würde der vergiftete Stachel gezogen, der dafür sorgt, dass die Menschen nur noch an sich selbst und vielleicht noch an ihre nächsten Angehörigen denken. Stattdessen würde es wieder attraktiver werden, gemeinsam gesamtgesellschaftliche Aufgaben anzugehen, weil die Verantwortung für diese Aufgaben fair unter allen Gesellschaftsmitgliedern geteilt würde.

Doch wie stehen die Chancen, dass sich die Menschen auf solch eine große Gerechtigkeitserzählung einlassen? Die erwähnten Frauen- und Umweltbewegungen lassen die politische institutionelle Struktur liberaler Gesellschaften in ihrem Kern weitgehend unangetastet. Demgegenüber will eine Bewegung, die auf sozioökonomische Gerechtigkeit abzielt, die Gesellschaft in ihrem Kern reformieren, zumindest scheint es so. Die letztlich gescheiterten sozialistischen Experimente im 20. Jahrhundert lassen die Menschen mit Blick auf solche Ideen jedoch schnell vorsichtig sein.

Zwei Dinge müssten bei einem Verbot von schädlichem Reichtum demgegenüber betont werden:

1. Es würde sich nicht um einen Eingriff handeln, der die gesellschaftlichen Strukturen und ihre liberale Verfasstheit in den Grundfesten erschüttert. Wie bei der Frauen- und Umweltbewegung würde ein grundlegendes, aber spezifisches Problem angegangen. Die gesellschaftlichen Grundinstitutionen müssten dafür nicht vollständig über den Haufen geworfen werden. Die Arbeitsteilung von Staat und Wirtschaft, die relative Unabhängigkeit der Märkte, die wichtige Institution des Privatbesitzes auch an Produktionsmitteln: All das könnte erhalten bleiben. Aus-

schließlich schädliche Formen des Reichtums würden gesetzlich ausgeschlossen werden – ähnlich wie bestimmte Formen der Umweltschädigung und Diskriminierung.

2. Die Bedeutung dieser Maßnahme für ein Zusammenleben in Würde muss deutlich werden. In Deutschland beispielsweise sind inzwischen viele Menschen davon überzeugt, dass wir nicht in Würde zusammenleben können, wenn wir uns nicht gemeinsam für die Gleichberechtigung der Geschlechter und für den Schutz der Umwelt einsetzen. Nur dann, wenn sich diese Überzeugung auch in Bezug auf zu große sozioökonomische Ungleichheit und schädlichen Reichtum durchsetzt, hat das Thema und haben die geschädigten Menschen eine Chance.

Doch wie stehen die Chancen für solche Reformen wirklich? Leider nicht so gut, wird man wohl sagen müssen. Zwei gravierende Probleme zeigen sich:

1. Die Frauen- und Umweltbewegung hat es geschafft, dass Menschen, die sich in einem bestimmten Sinne einsetzen, stolz auf ihr Engagement sind. Viele haben es zu einem Teil ihrer Identität gemacht, sich für die Belange von Frauen oder der Umwelt einzusetzen, was eine wichtige Rolle spielt, wie Iris Young (1990; 2000) aufgezeigt hat.

Zurzeit ist aber kaum jemand stolz darauf, sich gegen sozioökonomische Ungleichheit und gegen schädlichen Reichtum stark zu machen. Im Gegenteil wirkt die ganze Debatte wenig faszinierend.

Und das liegt meiner Ansicht nach vor allem an der beschriebenen geschickten politischen Taktik, Kritik an Reichtum sofort als Neid abzutun. Die Frage wäre also, wie sich bei Kritikern von Reichtum etwas Ähnliches wie der Stolz der Feministen und Umweltschützerinnen wecken ließe, die ja anfangs mit ähnlichen Widerständen zu kämpfen hatten.

2. Eine Bewegung gegen schädlichen Reichtum muss sich weltweit verorten. Nur so kann sie auch globale Wirtschaftsstrukturen, durch die sich die Reichen ermächtigen, nachhaltig verändern. Die Occupy-Bewegung hat Ähnliches versucht, doch hat sie es nicht geschafft, sich zu verfestigen und längerlebig zu werden. Das liegt sicher auch am Happening-Charakter dieser Bewegung. Es stellt sich damit ernsthaft die Frage, wie eine globale Solidarität möglich sein soll, die einzelstaatliche und weltweite Ungleichheit zugleich in den Blick nimmt. Hier liegt die größte Herausforderung im anhaltenden Kampf für mehr sozioökonomische Gerechtigkeit. Wir sollten diese Herausforderung gemeinsam annehmen und den Kampf gegen schädlichen Reichtum als Teil einer aktiven Solidarisierung und des guten politischen Lebens verstehen.

Literaturverzeichnis

Barber, Benjamin: Consumed! Wie der Markt Kinder verführt, Erwachsene infantilisiert und die Demokratie untergräbt. München 2008.
Beckert, Jens: Erben in der Leistungsgesellschaft. Frankfurt a. M. 2013.
Bourdieu, Pierre: Die feinen Unterschiede. Kritik der gesellschaftlichen Urteilskraft. Frankfurt a. M. 1979. [1987.]
Cohen, Gerald: »Expensive Taste Rides Again«. In: Ronald Dworkin / Justine Burley (Hrsg.): Dworkin and His Critics. With Replies by Dworkin. Hoboken, NJ 2004, S. 1–29.
Dworkin, Ronald: Gerechtigkeit für Igel. Frankfurt a. M. 2014.
Eagleton, Terry: Ideologie. Eine Einführung. Stuttgart 2000.
Eribon, Didier: Rückkehr nach Reims. Berlin 2016.
Freeland, Chrystia: Die Superreichen. Aufstieg und Herrschaft einer neuen globalen Geldelite. Frankfurt a. M. 2013.
Herzog, Lisa / Honneth, Axel: Der Wert des Marktes. Ein ökonomisch-philosophischer Diskurs vom 18. Jahrhundert bis zur Gegenwart. Berlin 2014.
Honneth, Axel: Verdinglichung. Eine anerkennungstheoretische Studie. Berlin 2015.
Ingham, Geoffrey: The Nature of Money. London 2004.
Lukes, Steven: Power. A Radical View. Palgrave 2004.
Marcuse, Herbert: Der eindimensionale Mensch. Studien zur Ideologie der fortgeschrittenen Industriegesellschaft. München 1964. [2008.]
Margalit, Avishai: Politik der Würde. Berlin 1998. [2012.]
Mayer, Jane: Dark Money. The Hidden History of the Billionaires Behind the Rise of the Radical Right. New York 2016.
Neuhäuser, Christian: Reichtum als moralisches Problem. Berlin 2018.
Nozick, Robert: Anarchie, Staat, Utopia. München 1974. [2011.]
Nussbaum, Martha: Die Grenzen der Gerechtigkeit – Behinderung, Nationalität und Spezieszugehörigkeit. Frankfurt a. M. 2010.
Piketty, Thomas: Das Kapital im 21. Jahrhundert. München 2014.

Rawls, John: Eine Theorie der Gerechtigkeit, Frankfurt a. M. 1971. [1979.]
Stoecker, Ralf: Theorie und Praxis der Menschenwürde. Münster 2019.
Westacott, Emrys: Wisdom of Frugality. Why Less Is More – More or Less. Princeton, NJ 2018.
Williams, Bernard: Ethics and the Limits of Philosophy. Cambridge, MA 1985.
Young, Iris: Justice and the Politics of Difference. Princeton, NJ 1990.
– Inclusion and Democracy. Oxford 2000.

Zum Autor

Christian Neuhäuser ist Professor für praktische Philosophie an der TU Dortmund. Er arbeitet zur Philosophie der Internationalen Beziehungen und zur Wirtschaftsphilosophie sowie zu Theorien der Würde, der Verantwortung und des Eigentums. Er hat Bücher über Unternehmen als moralische Akteure, über Reichtum als moralisches Problem und über die Wirtschaftsphilosophie von Amartya Sen verfasst.